Langlès

81-225

X 261
G.

Res. p. X.
468

1888

GRAMMAIRE
TVRQVE,
ou
METHODE COVRTE & FACILE,
pour
APPRENDRE LA LANGVE TVRQVE.

Avec un Recueil des Noms, des verbes, & des Manieres de parler les plus neceſſaires a sçavoir, avec plusieurs Dialogues familiers.

CONSTANTINOPLE,

M. DCC. XXX.

A
SON EMINENCE
MONSEIGNEVR LE CARDINAL
DE FLEVRY
MINISTRE D'ETAT

MONSEIGNEVR,

Tout inconnu que je suis a VOSTRE EMINENCE j'ose luy offrir un ouvrage qui ne pouvoit être donné au public que sous ses auspices; il a pour objet de faciliter aux François l'intelligence d'une langue dont il seroit a souhaiter que l'usage fût familier a tous ceux qui, sous la protection De sa Majesté se répandent dans les vastes etats du GRAND SEIGNEVR, pour y faire fleurir le commerce, pouvois-je proposer a VOSTRE EMINENCE un motif plus interessant, & plus conforme aux soins continuels qu'elle se donne pour augmenter la gloire de la plus puissante Monarchie de l'Europe. Les belles lettres entierement oubliées depuis tant de siecles, dans des climats, aux quels elles étoient redevables de leur naissance, & de leurs plus grands progrés, semblent avoir repris, dans ces derniers tems, l'esperance de leur retablissement, a la faveur de l'imprimerie nouvellement erigée a Constantinople; Les premieres productions d'un art si utile aux sçavants, devoient naturellement être destinées a cette espece de science, qui en donnant aux differents peuples les moyens de se communiquer leurs idées, forme, pour ainsi dire, entre eux une societé de lumieres, de decouvertes & de connoissances.

Il auroit été a souhaiter, MONSEIGNEVR, que le dessein de donner aux françois, les principes de la langue TURQUE, eut été executé par une main plus habile; Mais j'auray lieu d'être satisfait du succés de ma temerité, si en sacrifiant a ma patrie les premiers fruits de l'etude que j'ay faite des langues Orientales, je puis persuader a VOSTRE EMINENCE toute l'etendue de mon zele, & le desir que j'ay de concourir a la gloire du nom FRANÇOIS, sous un des regnes les plus justes, & des ministeres les plus sages, que la France ait eû depuis l'origine de la Monarchie.

C'est la, MONSEIGNEVR, tout ce que je prendray la liberté de dire icy a la loüange de VOSTRE EMINENCE, & comment entreprendrois-je un éloge, qui seroit toujours infiniment au dessous des sentimens dont les cœurs des FRANÇOIS sont penetrés, & de l'opinion des nations les plus reculées? C'est, MONSEIGNEVR, dans ce double temoignage de vos vertus, que le Monde entier reconnoit aujourd'huy combien la France eſt heureuſe d'être dirigée par un Miniſtre, qui ſans aucune attention a ſes avantages perſonnels, & avec un deſintereſſement abſolu eſt uniquement occupé de la gloire du Souverain, de la felicité des peuples, du ſoin de faire regner la paix dans l'Europe, & de la reunion des eſprits malheureuſement diviſés par les preventions de quelques Novateurs.

Je laiſſe, MONSEIGNEVR, a ceux qui ont l'honneur d'approcher de la perſonne de VOSTRE EMINENCE le ſoin de publier ſes autres vertus ; ou plutôt je m'en repoſe ſur l'Hiſtoire qui écrite ſuivant les regles les plus ſeveres, ne laiſſera pas ignorer a la poſterité, que c'eſt a vos Qualités eminentes que vous devez la tendre affection des François, & la veneration des Nations etrangeres,

POUR moy MONSEIGNIEVR, qui connois combien je dois être reſervé dans les louanges, ſur un ſi grand Sujet, par le peu de cas que je fais avec raiſon de celles que je puis donner, je ſupplie VOSTRE EMINENCE, de vouloir bien ne faire attention qu'aux juſtes motifs, qui animent mon zele, & qui m'ont inſpiré le deſſein de luy rendre ce temoignage public du profond Reſpect avec lequel j'ay l'honneur d'être

MONSEIGNEVR,

DE VOSTRE EMINENCE

Le tres humble & tres obeiſſant
ſerviteur ✻✻✻
le Pere Holterman

PREFACE

Quoy que l'interêt du commerce, que l'on a avec l'Empire Ottoman, & les frequentes relations, que font naître les traités d'alliance, que tant de princes Chrêtiens, & sur tout le Roy de France ont faits avec la porte, dussent être des motifs puissants pour engager quelque sçavant versé dans les langues orientales a composer une Grammaire pour nous faciliter la connoissance de la Turque, il est a douter, si quelqu'autre a entrepris jusqu'icy ce travail avec quelque succés, que Mininski.

Mais comme le vaste dessein, que cet autheur s'est proposé en voulant enseigner avec le Turc, l'Arabe, & le persan, l'a engagé a charger de trop de regles la memoire du lecteur, il est quelquefois embrouillé, & au dessus de la portée de ceux, qui commencent a apprendre le Turc. C'est pourquoy aprés avoir consulté, & conferé avec les plus habiles maîtres, sur tout avec le sçavant Ibrahim Effendi, sur cette langue, on a ramassé le plus succinctement les regles, & applani les difficultés ; on a ajouté a la Grammaire un vocabulaire assez ample, les formules, & les marieres les plus ordinaires, & les plus difficiles de parler, avec plusieurs dialogues.

On écrit le Turc en caracteres François & Turcs, tant pour la facilité de ceux, qui veulent apprendre a lire cette langue, que pour l'usage de ceux, qui sont bien aise de la parler, sans avoir besoin de la sçavoir lire, & comme les lettres de nôtre alphabet, & celles de l'alphabet Turc ne sont pas egales en nombre, que d'ailleurs les

nôtres ne nous fourniſſent pas toujours des equivalents pour rendre la prononciation de certaines lettres Turques, on a taché, en
ecrivant le Turc en caracteres françois, de s'approcher le plus qu'
il a été poſſible de la prononciation Turque: Enfin dans la tra-
duction des phrases Turques, on ne se captive pas a les rendre mot
a mot, se contentant seulement d'en exprimer le sens.

Pour ce qui regarde l'impreſſion, on espere qu'on voudra bien ex-
cuser quelques fautes, qui s'y sont gliſſées, & qu'on auroit pû
quelquefois eviter. Car ayant été obligé de faire les matrices des
caracteres, & la fonde pour la premiere fois, & de se servir pour cela des personnes qui ne sçavent pas le françois, malgré les soins
que l'on se soit donné, pour veiller a tout, on n'a pas pû mettre
cet ouvrage, dans toute la perfection, qu'on auroit souhaité.

On se flatte cependant, que le public ne sçaura pas mauvais gré
d'un travail, que l'on n'a entrepris qu'a la sollicitation des amis,
qui vouloient apprendre le turc par regles, qu'on n'a mis au jour,
que par les ordres & sous les auspices des personnes, aux quelles
on ne pouvoit pas se refuser, & du quel on espere, qu'on tirera
tout le fruit, qu'on a pretendu, qui est d'enseigner le Turc avec
methode, & en peu de tems, & de mettre ceux, qui l'étudiront
dans cette Grammaire, en état de s'y perfectionner dans la suite
par la facilité, qu'on leur aura donnée a parler, a lire, & a ecrire
cette langue.

INTRO-

INTRODUCTION
A
LA LANGVE TVRQVE

Pour apprendre une langue auec methode, il faut commencer par étudier les termes de la grammaire.

Explication

DES TERMES DE LA GRAMMAIRE.

La grammaire est l'art d'écrire, et de parler correctement. Elle se divise en trois parties, qui sont, l'Orthografe, l'Elocution, et la syntaxe. L'orthografe comprend les lettres; L'elocution traite des mots; la syntaxe dirige le discours. Les lettres sont des caracteres, qui servent à former les syllabes, et les mots. Elles se divisent en voyelles, consones, et diphthongues; mais les Turcs se servent outre cela de certaines marques, pour regler la prononciation, et de points, qui servent à distinguer certaines lettres, qui se ressemblent.

On appelle voyelles les lettres, qui forment une voix, ou un son elles seules sans le secours, ou la jonction d'une autre lettre.

La Consone est une lettre, qu'on ne peut prononcer, sans une voyelle, qui la suit, ou qui la precede.

INTRODUCTION

Les diphthongues sont proprement l'union de deux voyelles. Les Turcs n'ont point de diphthongues.

Les syllabes se forment des lettres, & sont des parties des mots, qui se prononcent d'un seul ton ; comme بُو bou, cé.

Le mot se forme d'une, ou de plusieurs syllabes, ex : بابا baba, pere.

Le discours est composé de plusieurs mots, qui font un sens. par ex : تركجه ايو سويله Turktché eiu söjlé, parlés bien en Turc.

Le discours se divise en neuf parties, qui sont l'article, le nom, le pronom, le verbe, le participe, l'abverbe, la preposition, la conjonction, & l'interjection.

Explication

DES PARTIES DV DISCOVRS.

L'article est un mot d'une, ou de plusieurs lettres, que l'on met devant les noms, pour faire connoitre leur genre, leur nombre, & leur cas. Les Turcs n'ont point d'article.

Le nom est un mot, dont on se sert pour exprimer chaque chose, comme قلپق kalpak, le bonnet.

Il y a deux sortes de noms, le substantif, & l'adjectif.

Le substantif se divise en nom propre, & appellatif.

Le nom propre ne convient qu'a une seule chose, par ex : استانبول Istanbol, Constantinople.

Le nom appellatif convient à plusieurs, comme آدم adem, l'homme.

A LA LANGVE TVRQVE

L'adjectif convient à plusieurs sortes de choses, & explique les differentes qualités du substantif, qu'on ne comprend pas, quand il est seul; ex: كوزل باغچه guzel baghtché, un beau jardin.

Des noms adjectisf se forment les comparatifs, & les superlatifs.

Les Comparatifs servent pour comparer une chose auec une autre, ex: اندن بیوکرك andan buiuk rek, plus grand, que lui.

Le superlatif augmente au plus haut, ou diminue au plus bas degré la signification du positif. par ex: پك بیوك شهر pek buiuk chehre, une tres grande ville. پك كوچك او pek kutchiuk ew, une tres petite maison.

Le nom est, ou du genre masculin, ou du feminin. Les Turcs se servent de quelques mots particuliers, qui designent les differents genres des noms, comme nous l'expliquerons plus au long ci-dessous.

Le nom a deux nombres, le singulier, & le plurier. Le nombre singulier ne comprend, qu'une chose, ex: بك begh, le prince. Le nombre plurier en renferme plusieurs. comme بكلر beghler, les princes.

Les noms ont leurs changements, qu'on appelle declinaisons.

La declinaison a six changements, qui sont les cas, à sçavoir; le nominatif, le genitif, le datif, l'accusatif, le vocatif, & l'ablatif.

Le pronom est un mot, qui se met au lieu du nom.

Il y a quatre sortes de pronoms, le personel, le demonstratif, le relatif, & le possessif.

Le pronom personel marque les trois personnes.

INTRODUCTION

La premiere personne est celle, qui parle ; comme بن ben, moi.
La seconde est celle, à qui on parle, ex: سن sen, toi. La troisieme est celle, de qui on parle ; comme اول ol, lui.

Le pronom demonstratif sert à designer quelque chose, ex: وآدم bou adem, cet homme.

Le pronom relatif se rapporte à une chose, dont on a déja parlé. ex: اولاغاككلدي ol agha ki gueldi, ce Monsieur, qui est venu.

Le pronom possessif montre, à qui appartient une chose, comme بنم benum, mon, سنك senun, ton, انك anun, son.

Le verbe est un mot, qui signifie l'affirmation, la negation, ou le jugement, que nous faisons des choses. On le divise en substantif, et adjectif. Le verbe substantif marque simplement l'affirmation de l'être ; comme ام im, je suis.

Le verbe substantif est où personel, où impersonel.

Le personel se conjugue par les trois personnes ; ex: ام im, je suis سن syn, tu es, در dur, il est. l'impersonel se conjugue seulement par les troisièmes personnes ; par ex: واردر wardur, il y a, où, il est.

Le verbe substantif est aussi appellé auxiliaire, parcequ' il sert à former de certains tems dans les verbes.

Le verbe adjectif adjoute la signification, qui lui est propre, à l'affirmation simple, qui est commune à tous les verbes.

Il se divise en actif, passif, negatif, impossible, transitif, deponent, et reciproque, que j'expliqueray tout au long dans le chapitre des verbes.

Le

A LA LANGVE TVRQVE

Le verbe a son changement de tems; ce changement de tems s'appelle conjugaison.

La conjugaison des verbes est composée de quatre parties, à sçavoir, de mœufs, de tems, de personnes, et de nombres.

Le mœuf denote la maniere, dont on peut faire une action.

Il y a cinq mœufs, l'indicatif, l'imperatif, l'Optatif, le Subionctif, et l'infinitif.

L'Indicatif marque, quand L'action se fait dans un tems present, passé, où futur, ex: اوقورم okouroum, je lis, ou je liray: اوقودم okoudoum, j'ai lû.

L'Imperatif marque l'action du verbe, en commandant, où en defendant, par ex: اوقو okou, lis. اوقومه okouma, ne lis pas.

L'Optatif exprime l'action du verbe par souhait, ou par desir; comme نولايدى سوم nolaidy sewem, plût à Dieu, que j'aimasse.

Le Subjonctif designe une action conditionelle, ex: اكرسورسم eier sewersem, si j'aime.

L'infinitif represente l'action du verbe sans marquer ni tems, ni nombre, ni personne, ni même la maniere, dont l'action doit être faite, comme سومك sewmek, aimer.

Les verbes ont trois tems, le present, qui marque, que la chose où l'action, dont on parle, est, où se fait actuellement, ex: بقهرم bakarum, je regarde, بقه يورم bakaiourum, je suis dans l'action de regarder. Le passé marque la chose, où l'action, qui est achevée, ex: بقدم bakdum, j'ai regardé. Le futur marque, que la chose, où l'action se fera, comme بقه جغم bakadgiaghim, je regarderay

INTRODVCTION

garderay. Mais le passé se divise en trois tems differents, en imparfait, parfait, & plusqueparfait. Le parfait designe, (comme nous l'auons deja dit,) une chose, ou une action acheuée.

L'imparfait sert pour les actions, que l'on designe comme passées, par ex: سوردم sewerdum, j'aimois.

On se sert du plusqueparfait pour marquer une action faite immediatement devant qu'on commence une autre, comme: سن كلمزدن اول بن يازمشدم sen guelmezden ewel, ben iazmychidum, j'auois écrit auant, que vous vinssies.

Les verbes ont le nombre singulier, & plurier. Les tems des verbes sont composés de trois personnes.

Le participe vient du verbe, participare, participer, parcequ'il participe à la nature, & qualité des noms adjectifs, comme : سوىجى sewidgi, aimant, ou amateur.

L'adverbe est un mot indeclinable, qui exprime la maniere, dont quelque chose se fait, & qui donne plus ou moins de signification au verbe, au quel il est joint, ex: طوغرو سويله doghrou söjlé, parlés correctement.

Les prepositions n'ont, comme les adverbes, ni genre, ni nombre, ni cas. elles sont toûjours devant les autres parties du discours. Parmi les Turcs elles se mettent toûjours apres le cas, qu'elles regissent. c'est pourquoy on peut les appeller postpositions, par ex: بازاردك bazaredek, jusqu'a dimanche.

Les conjonctions lient le discours, & les phrases.

Les interjections sont des mots indeclinables qui marquent les divers mouuements de nôtre ame.

Nous

À LA LANGVE TVRQVE

Nous diviserons cette Grammaire en sept parties.

La premiere comprendra tout ce qui regarde l'orthographe, & la prononciation.

La seconde contiendra les noms, et les pronoms.

La troisiéme traitera des verbes.

Dans la quatriéme nous parlerons des adverbes, postpositions, conjonctions, & interjections.

La syntaxe fera la cinquiéme partie.

La sixiéme partie renfermera le vocabulaire auec un abregé des verbes, et les manieres de parler les plus usitées.

Dans la septiéme vous verrés un recueil des dialogues.

Fin

De L'introduction

A

La Langue Turque.

GRAMMAIRE TVRQVE

premiere partie

DE L'ORTHOGRAPHE

chapitre 1.

DE LA MANIERE DE LIRE ET D'ECRIRE EN TVRC

Les Turcs écrivent, et lisent de la droite à la gauche, et commencent leurs liures où nous les finissons.

Ils ont sept sortes d'écritures.

Le نسخی nesqhi, dont ils se servent pour écrire leur alcoran.

Le دیوانی diwani, dont ils se servent pour les affaires et dans le barreau. on l'écrit en montant, et sur tout vers la fin des lignes.

Le تعلیق ta-lyk, qui ne differe pas beaucoup du Nesqhi, et dont les juges, et les poëtes se servent.

Le قرمه kyrma, qui ressemble aussi au تعلیق ta-lyk, et dont on se sert pour écrire les registres.

Le ثلث sulus, qui sert aux titres des liures, et des patentes imperiales.

Le یاقوتی iakouti et le ریحانی Rejhani, qui sont ainsi nommés du nom de leurs autheurs, mais on s'en sert fort rarement.

chapitre II.

DES LETTRES TVRQVES

La langue Turque a trente trois lettres, dont elle emprunte vint huit des Arabes, et cinq des perses, je marqueray celles-cy d'un P

TABLE

La valeur	La figure								Le nom des lettres
	Sulus	Reihani	Jakuti	Nesghi	Tealik	Divani	Kyrma	اسم الحروف	
	ثلث	ريحاني	ياقوتي	نسخي	تعليق	ديواني	قرمه		
a	ا	ا	ا	ا	ا	ا	د	الف	elif
b	ب	ب	ب	ب	ب	ب	ب	با	ba
p	پ	پ	پ	پ	پ	پ	پ	باي عجمي	bai adgemi
t	ت	ت	ت	ت	ت	ت	ت	تا	ta
s	ث	ث	ث	ث	ث	ث	ث	ثا	sa
dg	ج	ج	ج	ج	ج	ج	ج	جيم	dgim
tch	چ	چ	چ	چ	چ	چ	چ	جيم عجمي	tchim adgem
h	ح	ح	ح	ح	ح	ح	ح	حا	ha
qh	خ	خ	خ	خ	خ	خ	خ	خا	qhy
d	د	د	د	د	د	و	ه	دال	dal
z	ذ	ذ	ذ	ذ	ذ	و	ه	ذال	zal
r	ر	ر	ر	ر	ر	ر	ر	را	ra
z	ز	ز	ز	ز	ز	ز	ز	زا	za
j	ژ	ژ	ژ	ژ	ژ	ژ	ژ	زا عجمي	jé adgemi P.
s	س	س	س	س	س	س	س	شين	sin
ch	ش	ش	ش	ش	ش	ش	ش	شين	chin
ss	ص	ص	ص	ص	ص	ص	ص	صاد	sad
dh	ض	ض	ض	ض	ض	ض	ض	ضاد	dhad

ALPHABETIQUE

La valeur.			La figure.					Le nom des lettres.
	Sulus	Reihani	Jakuti	Nesghi	Tealik	Divani	kyrma	اسما حروف
	ثلث	رحاني	ياقوتي	نسخي	تعليق	ديواني	قرمه	
th	ط	ط	ط	ط	ط	ط	ط	طا thy
zh	ظ	ظ	ظ	ظ	ظ	ظ	ظ	ظا zhy
aï	ع	ع	ع	ع	ع	ع	ع	عين aïn
gh	غ	غ	غ	غ	غ	غ	غ	غين ghaïn
f	ف	ف	ف	ف	ف	ف	ف	فا fa
k	ق	ق	ق	ق	ق	ق	ق	قاف kaf
ki	ك	ك	ك	ك	ك	ك	ك	كاف kiaf
n,ñ	ك	ك	ك	ك	ك	ك	ك	صاغر نون saghyr noun
gu	ك	ك	ك	ك	ك	ك	ك	كاف عجمي giaf adgemi
l	ل	ل	ل	ل	ل	ل	ل	لام lam
m	م	م	م	م	م	م	م	ميم mim
n	ن	ن	ن	ن	ن	ن	ن	نون noun
w	و	و	و	و	و	و	و	واو waw
h	ه	ه	ه	ه	ه	ه	ه	ها hé
i	ي	ي	ي	ي	ي	ي	ي	يا ié

Les Turcs ont encore plusieurs autres sortes d'écriture, que nous avons omis ici pour être plus court.

chapitre 111.
DE LA PRONONCIATION.

La prononciation Turque tient le milieu entre la prononciation persane, & arabe; c'est à dire qu'elle n'est pas si rude, que celle-ci, & plus ferme, & plus mâle, que l'autre, excepté à Constantinople, où on prononce aujourd'huy le Turc, aussi doucement, que le persan.

Pour faciliter la prononciation, & la lecture du Turc, il est necessaire, de sçavoir la valeur des lettres, & des autres marques, qui reglent la prononciation.

DE LA VALEVR DES LETTRES TVRQVES.

ا Elif auec un و waw, se prononce comme, o.
ب bæ, à la fin d'un mot, & devant, & après les lettres dures ق, kâf, ك, ghiæf, ط, thi, ص, sad, س, sin, ش, chin, ج, dgim, خ, qhæ, ث, se, ت, te, se prononce comme, p ; ex : اثبات isbat preuve, lisez اثپات ispat.

خ, qhæ, se prononce du gozier, de meme que ح, hâ غ, ghain, ع, ain, ق kaf.

ج dgim, à la fin d'un mot, & devant, & après les consonnes, dont nous auons parlé ci-dessus, se prononce, comme چ tchim.

د dal, à la fin d'un mot, & devant, & après les dites consonnes, se prononce comme ت thæ. ex : كتدى guitti, & non pas كتدى guitdi, il est allé. au contraire ط thi, se change souvent en د dal, ex : دورمق
dour

dourmak, & non pas طورمق thourmak, rester.

ح ha, se prononce, comme s'il y auoit deux hh, au contraire ه he, se prononce, comme l',h, françois.

ج ge, se prononce, comme nôtre, g.

ك guiaf, à la fin d'un mot & devant, & aprés les dites consonnes, se prononce ordinairement comme gh; mais parmi le vulgaire comme un i voyelle ex: بك bei, le Prince, ce qu'il faut éviter.

ن saghir noun se prononce comme nôtre, n, final. ex: صكره son-ra aprés.

ق kaf se prononce plus rudement, que le, c, devant les voyelles, a, o, u. Le ق kaf, final suivi d'une voyelle, se prononce comme غ ghain, ex: يوقيكن iokiken, lisez يوغيكن ioghiken, n'étant pas.

ز zæ, devant & aprés les dites consonnes dures se prononce comme س sin, appliqués la même regle aux autres lettres du même son ظ zhi, ص sad, ذ zæl.

غ ghain, se prononce un peu plus rudement que nôtre, g, lors qu'il est suivi des voyelles, a, o, u.

و waw, se prononce, comme la diphthongue ou; quelquefois comme o; quelquefois comme la diphthongue, eu; enfin comme, u; ex: قوسمق kousmak, vomir. صورمق sormak, interroger. بولمك beulmek partager. دوكن duiun, les noces.

ى jé, precedé d'un ـ, esré, se prononce, comme un, i, voyelle, & lors qu'il se trouve à la fin d'un mot, il equivaut à nôtre, é, muet.

ظ zhi, se prononce, comme deux, z, c'est à dire beaucoup plus fort, que ز zæ, & ذ zæl.

cha

chapitre IV.

DES MARQVES QVI REGLENT LA PRONONCIATION.

Les Turcs ont cinq marques, qui reglent la prononciation, à sçavoir: Le ◌ْ dgezm, qui fait connôitre, que la lettre sur la quelle il est posé, n'a point de voyelle, & sert à terminer les mots; comme دِشْ diche, le dent.

Le ◌ّ techetid, qui fait doubler la lettre, sur la quelle il est posé. ex: الله allah, Dieu.

Le آ meddelif tient la place de deux ا elifs ex: آت at, cheval.

Le ء hamzelif, radoucit l'elif, sur lequel il est posé; comme سؤال sual, demande.

Le ا ouzounelif fait prononcer l'elif long; ex: لٰكن läkin, cependant.

LES MARQVES, QVI REGLENT LA PRONONCIATION

dgezm ◌ْ, techetid ◌ّ, meddelif آ, hamzelif ء, ouzoun elif ا.

Remarqués cependant, que dans les livres turcs vous ne trouverés gueres ء l'hamzelif, & ا l'ouzoun elif; au lieu de cette derniere marque, on se sert ordinairement de آ meddelif.

chapitre V.

DES VOYELLES TVRQVES.

Les Turcs n'ont, que trois voyelles, à sçavoir: ◌َ ustun ◌ِ esré ◌ُ uturu. ◌َ ustun & ◌ُ uturu se mettent au dessus des lettres; & ◌ِ esré se met au dessous.

ustun

GRAMMAIRE

َ ustun equivaut à la voyelle, a, ou, e : comme : بَ bé.

ِ esré equivaut à la voyelle, i, ex : بِ bi.

ُ uturu equivaut à la voyelle, u. ex : بُ bu.

on double souvent ces voyelles, & on les appelle alors ً ايكى اوستن iki ustun ــٍ ايكى اسره iki esré ٍ ايكى اوترو iki uturu.

ً ايكى اوستن iki ustun se prononcent comme, an, ou, en, ex: بً ban, ou بً ben.

ٍ ايكى اسره iki esré, se prononcent comme, in, ex: بٍ bin.

ٌ ايكى اوترو iki uturu, se prononcent comme, un, ex : بٌ bun.

LES VOYELLES TVRQVES

َ ustun ِ esré ُ uturu ً iki ustun ٍ iki esré ٌ iki uturu.

Table

DES VOYELLES MELEES AVEC LES CONSONNES.

e		i		u		e		i		u	
bé	بَ	bi	بِ	bu	بُ	pé	پَ	pi	پِ	pu	پُ
té	تَ	ti	تِ	tu	تُ	sé	ثَ	si	ثِ	su	ثُ
dgé	جَ	dgi	جِ	dgu	جُ	tché	چَ	tchi	چِ	tchu	چُ
hé	حَ	hi	حِ	hu	حُ	qhé	خَ	qhi	خِ	qhu	خُ
dé	دَ	di	دِ	du	دُ	zé	ذَ	zi	ذِ	zu	ذُ
ré	رَ	ri	رِ	ru	رُ	zé	زَ	zi	زِ	zu	زُ
jé	رَ	ji	رِ	ju	رُ	sé	سَ	si	سِ	su	سُ
ché	شَ	chi	شِ	chu	شُ	sé	صَ	si	صِ	su	صُ

TVRQVE

e		i		u		e		i		u	
dhé	ضَ	dhi	ضِ	dhu	ضُ	thé	طَ	thi	طِ	thu	طُ
zhé	ظَ	zhi	ظِ	zhu	ظُ	aé	عَ	ai	عِ	au	عُ
ghé	غَ	ghi	غِ	ghu	غُ	fé	فَ	fi	فِ	fu	فُ
ké	قَ	ki	قِ	ku	قُ	ghé	كَ	ghi	كِ	ghu	كُ
n-é	كَ	n-i	كِ	n-u	كُ	gué	كَ	gui	كِ	gu	كُ
lé	لَ	li	لِ	lu	لُ	mé	مَ	mi	مِ	mu	مُ
né	نَ	ni	نِ	nu	نُ	wé	وَ	wi	وِ	wu	وُ
hé	هَ	hi	هِ	hu	هُ	ié	یَ	ii	یِ	iu	یُ

SECONDE PARTIE

DES NOMS ET PRONOMS

chapitre I.

DV GENRE, DV NOMBRE, ET DES CAS DES NOMS.

Les Turcs, (comme nous auons dit ci-dessus dans l'introduction à la grammaire,) n'ont qu'un genre tant pour les adjectifs, que pour les substantifs ; par ex: كوزل ار guzel er, bel homme,
كوزل عورت guzel awret, belle femme.
كوزل حيوان guzel haivan, bel animal,

Remar

GRAMMAIRE

Remarqués cependant, que pour distinguer les differens sexes, ils se servent tant pour les hommes, que pour les animaux, des adjections اركك erkek, pour le mâle, & ديشي dichi, pour la femelle. Ils ont outre cela des termes propres à specifier les deux sexes des hommes; comme ار er, l'homme. عورت awret, la femme.

Les noms ont deux nombres, le singulier, qu'ils appellent مفرد mufred, & le plurier جمع dgem.

Le plurier se forme du singulier, en prenant le crement ل ler, & il a dans tous ses cas les mêmes terminaisons, que le singulier.

Les Turcs ont six cas, à sçavoir: le nominatif, المبتدا elmubtedau, qui sert à former les autres cas. le genitif الاضافة elizafetu, qui derive du Nominatif, en y adjoutant le crement ك un, pour la premiere declinaison, & ن nun, pour la seconde. Le datif المفعول لاجله elmefouloulied gelihi, qui se termine en ه hé, l'Accusatif المفعول به elmefouloubihi, qui se termine en ى ié. Le vocatif المندى elmendi, qui est toûjours semblable au Nominatif; mais pour le distinguer, ils y adjoutent la particule يا ia, ou اى ei. enfin l'Ablatif المفعول معه elmefouloumeahou, qui adjoute la particule دن den, au nominatif.

chapitre II.

DES DECLINAISONS DES NOMS.

Les Turcs ont deux declinaisons: La premiere comprend les noms, qui finissent en une consonne: par ex: قلپق kalpak, le bonnet.

La seconde contient les noms, qui se terminent en une des voyelles suivantes ا, elif, و, waw, ه hé, ى, ié, ex: بابا baba, le pere. قورقو korkou, la crainte. مفتى mufti, le pontife. پنجره pendgéré, la fenêtre.

exem

TVRQVE

EXEMPLES DE LA PREMIERE DECLINAISON

	SINGVLIER				PLVRIER		
N.	er	ار	l'homme	erler	ارلر	les hommes
G.	erun	ارك	de l'homme	erlerun	ارلرك	des hommes
D.	eré	اره	à l'homme	erleré	ارلره	aux hommes
Ac.	eri	اری	l'homme	erleri	ارلری	les hommes
V.	ia er	یاار	ô homme	ia erler	یاارلر	ô hommes
Ab.	erden	اردن	de l'homme	erlerden	ارلردن	des hommes

	SINGVLIER				PLVRIER		
N.	et	ات	la chair	etler	اتلر	les chairs
G.	etun	اتك	de la chair	etlerun	اتلرك	des chairs
D.	eté	اته	à la chair	etleré	اتلره	aux chairs
Ac.	eti	اتی	la chair	etleri	اتلری	les chairs
V.	ia et	یات	ô chair	ia etler	یااتلر	ô chairs
Ab.	etden	اتدن	de la chair	etlerden	اتلردن	des chairs

EXEMPLES DE LA SECONDE DECLINAISON

	SINGVLIER				PLVRIER		
N.	baba	بابا	le pere	babaler	بابالر	les peres
G.	babanun	بابانك	du pere	babalerun	بابالرك	des peres
D.	babaïé	بابایه	au pere	babaleré	بابالره	aux peres
Ac.	babaï	بابای	le pere	babaleri	بابالری	les peres
V.	ia baba	یابابا	ô pere	ia babaler	یابابالر	ô peres
Ab.	babaden	بابادن	du pere	babalerden	بابالردن	des peres

sin

SINGVLIER — PLVRIEL

	Singulier			Pluriel		
N.	korkou	قورقو	la crainte	korkouler	قورقولر	les craintes
G.	korkou-nun	قورقونك	de la crain-te	korkoule-run	قورقولرك	des craintes
D.	korkouié	قورقويه	à la crainte	korkouleré	قورقولره	aux craintes
Ac.	korkouii	قورقوىي	la crainte	korkouleri	قورقولرى	les craintes
V.	ia korkou	ياقورقو	ô crainte	ia korkouler	ياقورقولر	ô craintes
Ab.	korkou-den	قورقودن	de la crain-te	korkouler-den	قورقولردن	des craintes

chapitre III.

DES DEGREZ DE COMPARAISON
DV COMPARATIF.

Les comparatifs turques sont des adjectifs, devant, où aprés lesquelles on met les adjections رك rek, رق rak, دخى daqhi, چوق tchiok.

Les deux premieres adjections ne sont gueres usitées ; mais quand on s'en sert, elles se mettent aprés les adjectifs ; comme كوزلرك guzel rek, plus beau. الچقرق altchak rek, plus vil.

Les deux dernieres se mettent devant les adjectifs ; ex : دخى daqhi, ou چوق ايو tchiok eiu, meilleur.

Ce que nous exprimons par un peu plus, les Turcs le rendent par le diminutif. ex : بيوجك buiudgek, un peu plus grand.

Le comparatif, plus que, s'exprime par le gerondif terminé en چه tché. comme اوقودقچه اچيلور okoudouktché atchilour, plus il etudiera, plus il se formera.

les

Les Turcs au lieu de particules, se servent souvent du positif, &
alors ils mettent le substantif, qui suit, à l'ablatif. ex: اندن كوزل
andan guzel, plus beau, que lui.

DV SVPERLATIF.

Le superlatif turc est un nom adjectif, devant le quel on met les
particules غايت ghaiet, غايند ghaietdé, غايتله ghaiettilé, زياده ziiadé, زياده سيله ziiadésiilé, افراطله ifratilé, پك pek, qui servent à augmenter la signification des mots, qu'elles precedent.

Le superlatif regit l'ablatif ; ex : جملەدن بیوك dgiumléden buiuk, le
plus grand de tous.

Les Turcs, au lieu de ces particules, adjoutent souvent au positif un
ى ié, pour en former le superlatif, & pour lors il gouverne le genitif ;
ex : ادملرك كوزلى ademlerun guzeli, le plus beau des hommes.

Remarqués, que le comparatif, & le superlatif se mettent toûjours
après le cas, qu'ils regissent.

chapitre IV.

DES DIFFERENTES ESPECES DES NOMS.

Les Turcs ont deux especes de noms, le primitif, & le derivatif.

Le nom primitif, جامد dgiamid, ne derive d'aucun autre nom; comme الله, allah, dieu.

Le nom derivatif, مشتق, muchtak, est celuy, qui derive d'un autre
nom.

Il se divise en verbal, & nominal.

On apelle nom derivatif verbal, celuy, qui derive des verbes.

Il y en a de deux sortes, le nom actif, & le nom de l'action même.

GRAMMAIRE

Le nom actif اسم فاعل, ismifail, est le participe du verbe, qui agit. ex: سویجی sewidgi, aimant, ou amateur.

Le nom de l'action, اسم مصدر ismi mesdar, se forme de l'infinitif du verbe actif, en changeant مك, mek, ou مق, mak, en ش iche, ou en ام, um ; ex: ایرلایش irlaiche, le chant. ایچم, itchium, le boire.

Il se forme encore, en adjoutant à l'infinitif du verbe les syllabes لك lik, ou لق lyk ; par ex: بلمكلك, bilmeklik, la science. anlamaklyk, l'intelligence.

De plus on se sert de l'infinitif même du verbe, pour exprimer l'action du même verbe. ex: بلمك bilmek, sçavoir, & science.

Le nom derivatif nominal se forme des noms.

Il y en a de trois sortes, sçavoir, le possessif, le diminutif, & le local.

Le possessif nominal اسم منسوب ismi mansub, est un nom adjectif, qui signifie la possession d'une chose. Il derive d'un nom substantif, au quel on adjoute la particule لو, lu, ou لى, li ; qui exprime la possession de la chose. ex: جان dgian, l'ame, جانلو dgianlu, qui a une ame, animal.

Quelquefois on se sert de periphrase, pour exprimer le nom possessif ; ex: صاحب دولت sahib dewlet, seigneur. پر معرفت pur marifet, plein de science, ou sçavant.

Le nom des artizans derive du nom de l'art, qu'ils professent, en y adjoutant جی dgi, ou چی tchi. comme ; اتمك etmek, le pain. اتمكچی etmektchi, le boulanger. چزمه tchizmé, une botte چزمه جی tchizme-dgi, faiseur de bottes.

Des noms adjectifs on forme des substantifs, en y adjoutant la particule

ticule لك lik, ou لیق lyk. ex: هنرمند hunermend, vertueux, هنرمندلك hunermendlik, vertu. دوست doſt, ami, دوستلق doſtlyk, amitié.

Le diminutif اسم تصغیر iſmi taſghir, ſe forme des ſubſtantifs & des adjectifs. On ne s'en ſert que pour marquer l'affection, ou l'eſtime, qu'on a pour une choſe.

Les diminutifs ont pluſieurs terminaiſons, sçavoir, جق, dgik, & چق, tchik, pour les ſubſtantifs. ex: کتاب kitab, le livre, کتابجق kitab-tchik, le petit livre, بابا, baba, le pere, باباجق babadgik, le cher pere. De ces mêmes diminutifs ſubſtantifs ſe forment d'autres diminutifs, en y adjoutant le crement ز, ez, ou ز, az, & en changeant le ق, kaf, final en غ ghain & le ك, ghiaf, en ك, guiaf; par ex: de ال, el, main, ſe forme le diminutif inuſité الجك, eldgik, d'ou derive الجكز eldgi-ghez, petite main.

Les diminutifs adjectifs ſe terminent par جه dgé, چه tché, جق dgek, & چق, tchik; ex: اق ak, blanc, اقچه aktché, un peu plus blanc, یقین iakyn, proche یقینجه iakyndgé, un peu plus proche. بیوك buıuk grand, بیوجك buiudgek, un peu plus grand. اراق irak, loin, اراجق iradgik, un peu plus loin. D'ou il faut remarquer, qu'il y a des diminutifs, qui marquent quelque comparaiſon, ou quelque augmentation dans leur diminution.

De ces diminutifs adjectifs derivent encore d'autres diminutifs; comme de بیوجك buiudgek, ſe forme بیوججك buiudgedgik, tant ſoit peu plus grand.

Le nom derivatif local اسم کثرت iſmi keſret, prend la terminaiſon لك, lik, pour ſignifier le lieu, ou ſont contenues les choſes. ex: میشه miché, cheſne, میشهلك michélik, lieu planté de cheſne.

cha

GRAMMAIRE
chapitre v.
DES PRONOMS.

Les Turcs ont quatre sortes de pronoms, le personel, le demonstratif, le relatif, & le possessif.

Les pronoms personels ضماير zemair, sont بن ben, moi, سن sen, toi.
Les demonstratifs, sont اول ol, lui, بو bou, ce.

Exemples
DES PRONOMS PERSONELS, ET DEMONSTRATIFS

	SINGVLIER			PLVRIEL		
N.	ben	بن	moi	biz	بز	nous
G.	benum	بنم	de moi	bizum	بزم	de nous
D.	bana	بكا	à moi	bizé	بزه	à nous
Ac.	beni	بنى	moi	bizi	بزى	nous
Ab.	benden	بندن	de moi	bizden	بزدن	de nous
N.	sen	سن	toi	siz	سز	vous
G.	senun	سنك	de toi	sizun	سزك	de vous
D.	sana	سكا	à toi	sizé	سزه	à vous
Ac.	seni	سنى	toi	sizi	سزى	vous
V.	ia sen	ياسن	ô toi	ia siz	ياسز	ô vous
Ab.	senden	سندن	de toi	sizden	سزدن	de vous
N.	ol	اول	lui	anlar	انلر	eux
G.	anun	انك	de lui	anlarun	انلرك	d'eux
D.	ana	اكا	à lui	anlaré	انلره	à eux
Ac.	ani	انى	lui	ar lari	انلرى	eux
Ab.	anden	اندن	de lui	anlar-den	انلردن	d'eux

sin

TVRQVE 15

	SINGVLIER			PLVRIEL		
N.	bou	بو	celuycy	bounlar	بونلر	ceuxcy
G.	bounun	بونك	de celuycy	bounlarun	بونلرك	de ceuxcy
D.	bouna	بوكا	à celuycy	bounlaré	بونلره	à ceuxcy
Ac.	bouni	بونى	celuycy	bounlari	بونلرى	ceuxcy
Ab.	boundan	بوندن	de celuycy	bounlarden	بونلردن	de ceuxcy

chapitre VI.

DV PRONOM RELATIF.

Les Turcs expriment le pronom relatif qui, ou, le quel, par كِ, ki, ou كيم, kim; Ils sont indeclinables, c'est pour quoy ils joignent les pronoms personels au pronom relatif, pour en faire un nom composé; mais pour lors il n'y a que le pronom personel, qui se decline; comme كانك kianun, de qui, ou du quel كانا kiana, à qui, ou, au quel.

Mais comme cette maniere de parler est fort peu usitée, ils suppriment le relatif كِ, ki, & mettent le verbe au participe. ex: كلن آدم guelen adem, la personne, qui vient.

Remarqués, que le relatif كِ, ki, se joint au nom, soit que ce nom soit déja terminé par quelque particule, ou non; mais alors il s'écrit كى, ki, ou, غى, ghi, & on supprime le verbe substantif; par ex الده كى فلج elimde ki kylydge; le sabre, que j'ai en main يوقردهغى iokardaghi, celuy, qui est en haut.

L'interrogatif كيم, kim, qui, se decline regulierement, & prend le crement possessif; comme كيمك دير kimun dur bou? de qui est cecy? كيمه ويرورسن kimé wirursyn? a qui donnerés vous?

l'in

GRAMMAIRE

L'interrogatif de la chose, نه, né, quoy, se decline aussi, & prend le crement possessif. ex: ننك, nenun, de quoy. نيه, neié, à quoy, ندن, neden, de quoy.

Quand il est suivi d'un substantif, il devient adjectif, & signifie, quel, comme: نه آدمدر né adem dur? quel homme est ce?

S'il precede un adjectif, il signifie, que. ex: نه كوزلدر né guzel dur, qu'il est beau.

Le relatif françois, combien, s'exprime par نه مقدار nekadar, ne mikdar.

Le relatif قنغي kanghi, le quel, est indeclinable & se met devant son substantif, comme: قنغي كتاب kanghi kitab? quel livre?

Mais lors qu'il signifie le rapport d'une chose à une autre, soit qu'il soit interrogatif, ou non, il prend le crement possessif. ex: قنغيمز kanghimuz, le quel de nous. قنغيكز kanghinuz, le quel de vous. قنغيسي kanghisi, le quel d'entr'eux.

Le pronom relatif, qui signifie de quel pays on est, s'exprime par نه ولايتلو néwilaietlu? de quel païs? نرلو nerélu, d'où?

Le relatif قنغي بري kanghi biri, le quel, pris comme substantif se decline comme la troisiéme personne du possessif.

Mais si vous le prenés comme adjectif قنغي بر, kangi bir, il est indeclinable.

Le relatif françois, quelqu'un, se rend par بر كمسه bir kimsé, qui se decline.

Les Turcs n'ont point de mots propres pour exprimer le substantif negatif, personne; mais ils se servent du verbe negatif devant le quel ils mettent كمسه kimsé, كمسنه kimesné, بر كمسه bir kimsé. ex:

بر

بر كسه كلدمی bir kimsé guelmedimi? personne n'eſt'il venu?

Ils expriment, tout, par, هر, her, qui ſignifie auſſi chacun, comme هر بری her biri, un chacun.

Quand il eſt ſuivi de quelque interrogatif, il equivaut au françois, quiconque. ex: هركيم her kim, quiconque. هرقنغی her kanghi, qui que ce ſoit.

Remarqués, qu'aprés les relatifs, le verbe, qui ſuit, ſe met au ſubjonctif. comme هركيم كلورسه her kim guelursé, quiconque viendra.

Les relatifs, lui même, le même, s'exprime en turc par le pronom demonſtratif اول, ol, ou بو, bou, en y adjoutant بر, bir, ou همان heman. comme. بو بر در bou bir dur, c'eſt le même. همان اول در heman ol dur, c'eſt lui même.

chapitre VII.
DES PRONOMS POSSESSIFS.

Les pronoms poſſeſſifs بنم benum, mon. سنك senun, ton. انك anun, son, sont le genitifs des primitifs perſonels, de la vient, qu'ils precedent toûjours leurs ſubſtantifs. ex: بنم بابا benum baba, mon pere; quoique cette façon de parler, n'eſt guere en uſage, que parmi le vulgaire.

Cependant quand ces pronoms poſſeſſifs ſont ſans ſubſtantif, on y adjoute کی ki, & on dit بنمکی benumki, le mien. سنكکی senunki, le tien. انكکی anunki, le sien; qui se declinent, comme les noms de la ſeconde declinaiſon.

Mais comme cette maniere de parler eſt trop triviale, on ſe contente d'adjouter à la fin du ſubſtantif terminé par une conſonne, le crement
p, um.

م, um, pour la premiere personne du singulier, ك, un, pour la se‑
conde, & ى, ié, pour la troisiéme. comme بنم كتابم benum kitabum,
mon livre. سنك كتابك senun kitabun, ton livre. انك كتابى anun ki‑
tabi, son livre.

La premiere personne du pluriel se termine par مز umuz, la seconde
par كز unuz, la troisiéme se termine par ى, ié, de même qu'au singu‑
lier. ex: بزم كتابمز bizum kitabimuz, notre livre. سزك كتابكز sizun
kitabunuz, votre livre. انلرك كتابى anlarun kitabi, leur livre.

Le substantif, qui suit le pronom possessif, & qui se termine par une
voyelle, prend le crement م, mim, pour la premiere personne du
singulier, ك, noun, pour la seconde, سى, si, pour la troisiéme.
ex: بنم بابام benum babam, mon pere. سنك باباك senun baban, ton pere
انك باباسى anun babasi, son pere.

La premiere personne du pluriel se termine par مز, muz, la seconde
par كز, nuz, la troisiéme personne du pluriel se termine comme au
singulier. ex: بزم بابامز bizum babamuz, nôtre pere. سزك باباكز si‑
zun babanuz, vôtre pere. انلرك باباسى anlarun babasi, leur pere.

Remarqués 1°. qu'on ne se sert de ces crements du pluriel مز, muz,
كز nuz, que lors qu'il s'agit de la pluralité du possesseur. Mais quand
on signifie la pluralité de la chose, qui est possedée, on adjoute au
crement du pluriel لر, ler, les particules possessives, qui se mettent
à la fin du substantif terminé par une consonne. ex: بنم بابالرم benum ba‑
balerum, mes peres. بزم بابالرمز bizum babalerumuz, nos peres. سنك
بابالرك senun babalerun, tes peres. سزك بابالركز sizun babalerunuz, vos
peres. انلرك بابالرى anlarun babaleri, ses peres. انلرك بابالرى anlarun baba‑
leri, leurs peres.

TVRQVE 19

2°. on supprime ordinairement les pronoms possessifs, & on se sert simplement du substantif, avec la terminaison, qui signifie la possession. ex: بابام babam, mon pere. باباك baban, ton pere. باباسی babasi, son pere.

Les Turcs pour exprimer, son propre, ou soi même, se servent de كندو guendu par ex: اول اقچه یی كندو كیسه سندن چقارمشدر ol aktchiaii guendu kisesinden tchikarmichedur. Il a tiré cet argent de sa propre bourse.

EXEMPLES DES PRONOMS POSSESSIFS.

SINGVLIER

N.	babam	بابام	mon pere
G.	babamun	بابامك	de mon pere
D.	babamé	بابامه	à mon pere
Ac.	babami	بابامی	mon pere
V.	ia babam	یابابام	ô mon pere
Ab.	babamden	بابامدن	de mon pere

PLVRIEL

N.	babalerum	بابارم	mes peres
G.	babalerumun	بابارمك	des mes peres
D.	babalerumé	بابارمه	à mes peres
Ac.	babalerumi	بابارمی	mes peres
V.	ia babalerum	یابابارم	ô mes peres
Ab.	babalerumden	بابارمدن	de mes peres

GRAMMAIRE

SINGVLIER

N.	baban	باباڭ	ton pere
G.	babanun	بابانڭ	de ton pere
D.	babané	باباڭه	à ton pere
Ac.	babani	باباڭى	ton pere
Ab.	babanden	باباڭدن	de ton pere

PLVRIEL

N.	babalerun	بابارڭ	tes peres
G.	babalarunun	بابارڭڭ	de tes peres
D.	baBaleruné	بابارڭه	à tes peres
Ac.	baBaleruni	بابارڭى	tes peres
Ab.	babalerunden	بابارڭدن	de tes peres

SINGVLIER

N.	babasi	باباسى	son pere
G.	babasinun	باباسنڭ	de son pere
D.	babasiné	باباسنه	à son pere
Ac.	babasini	باباسينى	son pere
Ab.	babasinden	باباسندن	de son pere

PLVRIEL

N.	babaleri	بابارى	ses peres
G.	babalerinun	بابارينڭ	de ses peres
D.	babaleriné	بابارينه	à ses peres
Ac.	babalerini	بابارينى	ses peres
Ab.	babalerinden	بابارندن	des ses peres

CHAP-

chapitre VIII.

DES NOMS NVMERAVX.

Les Turcs ont deux manieres de compter, l'une par chiffres, & l'autre par les lettres de l'Alphabet.

Les nombres se divisent en cardinaux, ordinaux, & distributifs.

Table des nombres Cardinaux

VALEVR	CHIFFRE	LETTRE		NOM.
1	١	ا	بر	bir
2	٢	ب	أيكى	iki
3	٣	ج	أوچ	utche
4	٤	د	دورت	deurt
5	٥	ه	بش	beche
6	٦	و	التى	alty
7	٧	ز	يدى	iedi
8	٨	ح	سكز	sekiz
9	٩	ط	طوقوز	dokouz
10	١٠	ى	اون	on
11	١١	يا	اون بر	on bir
12	١٢	يب	اون أيكى	oniki
13	١٣	يج	اون أوچ	onutche
14	14	يد	اون دورت	ondeurt
15	١٥	يه	اون بش	onbeche
16	١٦	يو	اون التى	onalty
17	١٧	يز	اون يدى	oniedi

GRAMMAIRE

VALEUR	CHIFFRE	LETTRE	NOM	
18	١٨	يح	اون سكز	onsekiz
19	١٩	يط	اون طوقوز	ondokouz
20	٢٠	ك	يكرمي	iirmi
30	٣٠	ل	اوتوز	otouz
40	٤٠	م	قرق	kyrk
50	٥٠	ن	اللي	elli
60	٦٠	س	التمش	altmiche
70	٧٠	ع	يتمش	ietmiche
80	٨٠	ف	سكسن	seksen
90	٩٠	ص	طوقسان	doksan
100	١٠٠	ق	يوز	iuz
200	٢٠٠	ر	ايكي يوز	iki iuz
300	٣٠٠	ش	اوچ يوز	utche iuz
1000	١٠٠٠	غ	بيك	bin
2000	٢٠٠٠	بغ	ايكي بيك	iki bin
3000	٣٠٠٠	جغ	اوچ بيك	utche bin
4000	٤٠٠٠	دغ	دورت بيك	deurt bin
5000	٥٠٠٠	هغ	بش بيك	beche bin
10000	١٠٠٠٠	يغ	اون بيك	on bin
100000	١٠٠٠٠٠	قغ	يوز بيك	iuz bin

Les nombres cardinaux sont indeclinables, & on s'en sert comme des adjectifs, en les mettant devant le nom de la chose que l'on compte, & alors ce nom se met au nominatif singulier ex: ايكي يوز آدم iki iuz adem, deux cents hommes.

TABLE DES NOMBRES ORDINAUX.

birindgi	برنجی	premier
ikindgi	ایکنجی	second
utchindgi	اوچنجی	troisiéme
deurdindgi	دوردنجی	quatriéme
béchindgi	بشنجی	cinquiéme
altyndgi	التنجی	sixiéme
iedindgi	یدنجی	septiéme
sekizindgi	سکزنجی	huitiéme
dokouzindgi	طوقزنجی	neuviéme
onoundgi	اونجی	dixiéme
iirmindgi	یکرمنجی	vintiéme
otouzindgi	اوتوزنجی	trentiéme
kyrkyndgi	قرقنجی	quarantiéme
ellindgi	اللنجی	cinquantiéme
altmichindgi	التمشنجی	soixantiéme
ietmichindgi	یتمشنجی	soixante, & dixiéme
seksenindgi	سکسننجی	quatre vintiéme
doksanindgi	طوقساننجی	quatre vint dixiéme
iuzindgi	یوزنجی	centiéme
iki iuzindgi	ایکی یوزنجی	deux centiéme
utche iuzindgi	اوچ یوزنجی	trois centiéme
deurt iuzindgi	دورت یوزنجی	quatre centiéme
binindgi	بیکنجی	milliéme

Les nombres ordinaux se forment des nombres cardinaux, en y adjou-

GRAMMAIRE

adjoutant یجی indgi. Ils se declinent, & precedent le nom de la chose, que l'on compte. par ex : ایکنجی باب ikindgi bab, chapitre second.

TABLE DES NOMBRES DISTRIBVTIFS.

birer	برر	un à un
ikicher	ایکیشر	deux à deux
utcher	اوچر	trois à trois
deurder	دوردر	quatre à quatre
bécher	بشر	cinq à cinq
altycher	التیشر	six à six
iedicher	یدیشر	sept à sept
sekizer	سکزر	huit à huit
dokouzer	طوقزر	neuf à neuf
oner	اونر	dix à dix
on birer	اون برر	onze à onze
onikicher	اون ایکیشر	douze à douze

Les nombres diftributifs se forment auffi des nombres cardinaux, aux quels on ajoute le crement ر, er, lors qu'ils finiffent par une consonne; mais lors qu'ils finiffent par une voyelle, on y ajoute le crement شر, cher, ex : برر, birer, un à un ایکیشر ikicher, deux à deux.

TROISIE'ME

TROISIÈME PARTIE
DV VERBE
chapitre 1.

DV GENRE, DE L'ESPECE, ET DE LA FIGVRE DES VERBES.

Les Turcs ont plusieurs sortes de verbes, sçavoir, le verbe substantif, actif, passif, negatif, transitif, impossible, cooperatif, & reciproque. Les six derniers derivent du verbe actif.
Le verbe passif se forme du verbe actif, en mettant devant مك mek, ou مق, mak, le crement ل, il, ou, yl ex: سومك sewmek, aimer. سویلمك sewilmek, être aimé. بقمق bakmak, regarder, بقیلمق bakylmak, être regardé.

Le verbe negatif se forme du verbe affirmatif, en prenant devant la terminaison مك, mek, ou مق, mak, le crement م, mé, ou ما, ma par ex: سومك sewmek, aimer سوممك sewmemek, ne pas aimer. بقمق bakmak, regarder. بقمامق bakmamak, ne pas regarder.

Le verbe impossible se distingue du verbe negatif par l'antepenultième ه, hé, ou ا, elif, qu'il a devant مك memek, ou مامق mamak. ex: سوممك sewmemek, ne pas aimer. سوه‌مك sewememek, ne pouvoir pas aimer. بقمامق bakmamak, ne pas regarder. بقه‌مامق bakamamak, ne pouvoir pas regarder.

Le verbe transitif derive du verbe actif en mettant devant مك mek, ou مق mak, le crement در dur. ex: سومك sewmek, aimer. سودرمك sewdurmek, faire aimer. بقمق bakmak, regarder بقدرمق bakdurmak, faire regarder.

Les

Les verbes transitifs, qui ont une voyelle, ou un point, équivalent à une voyelle, ou un ر, ra, devant ملك, mek, ou مق, mak prennent ت, té, ou د, dal. ex: سويلمك seüilemek, parler, سويلتمك seüiletmek, faire parler.

Les verbes transitifs, qui ont devant ملك, mek, ou مق, mak, les lettres ج, dgim, چ, tchim, ou ش, chin, prennent le crement ر, ur, ex: شاشمق chachemak, s'étonner. شاشرمق chachurmak, donner de l'etonnement.

Le verbe cooperatif derive du verbe actif, en prenant devant ملك, mek, ou مق, mak, le crement ش, iche, ex: سومك sewmek, aimer, سوشمك sewichemek, s'entr'aimer. بقمق bakmak, regarder, باقيشمك bakichemak, s'entreregarder.

Le verbe reciproque se forme du verbe simple en mettant devant ملك, mek, ou مق, mak, le crement ن, in, ex: سومك sewmek, aimer سونمك sewinmek, s'aimer soi même. بقمق bakmak, regarder, باقينمق bakynmak, se regarder soi même.

Remarqués, que tous ces verbes ont leurs derivés; car du verbe transitif سودرمك sewdurmek, faire aimer, se forme le negatif سودرممك sewdurmemek, ne pas faire aimer. Le verbe impoſſible سودرهمك sewduremumek, ne pouvoir pas faire aimer. Le paſſif سودرلمك sewdurilmek, faire qu'on soit aimé, avec son derivé impoſſible سودرلممك sewdurilememek, ne pouvoir pas faire, que quelqu'un soit aimé.

Du verbe cooperatif سوشمك sewichemek, s'entr'aimer, derive le negatif سوشممك sewichememek, ne pas s'entr'aimer. L'impoſſible سوشهمك sewichememek, ne pouvoir pas s'entr'aimer. Le paſſif سو

سوشلمك sewichilmek, s'être entr'aimé avec son negatif سوشلمه‌مك sewichilmemek, ne pas s'être entr'aimé, & l'impossible سوشله‌مه‌مك sewichilémemek, ne pouvoir, pas s'être entr'aimé. Le transitif سوشدرمك sewichedurmek, faire qu'on s'entr'aime, avec son negatif سوشدرمه‌مك sewichedurmemek, ne pas faire qu'on s'entr'aime, & son impossible سوشدره‌مه‌مك sewicheduremémek, ne pouvoir pas faire que l'on s'entr'aime.

Du passif سویلمك sewilmek, être aimé, se forme le negatif سویلمه‌مك sewilmemek, ne pas être aimé. L'impossible سویله‌مه‌مك sewilémemek, ne pouvoir pas être aimé. Le transitif سویلدرمك sewildurmek, faire que l'on soit aimé; & ainsi des autres.

Cette regle a quelques exceptions; par ex: on ne dit pas كیشمك gueichemek, mais كینمك guinmek, s'habiller soi même.

Plusieurs verbes neutres, & actifs, qui ont le passif en نمك, inmek, ne forment point les verbes reciproques; car on ne dit pas كیدنمك guidinmek, être allé. mais on en fait un passif impersonel كیدلمك guidilmek, être allé.

Le verbe ایتمك itmek, faire, ne forme que le verbe transitif ایتدرمك itdurmek, faire faire.

Outre cela les turcs ont des verbes qui derivent des noms, & qui se terminent en لنمك, lenmek, لمك lemek, لنمق lanmak, & لشمق lachemak. ex: كیجه guedgé nuit. كیجه‌لمك guedgélemek, demeurer la nuit. شبهه chubhé, doute. شبهه‌لنمك chubhélenmek, douter. اختیار iqhtiiar, vieillard: اختیارلنمق iqhtiiarlanmak, devenir vieillard, دوست doft, ami, دوستلشمق doftlachemak, faire amitié.

Les Turcs expriment les verbes inchoatifs par le verbe اولمق olmak

ex:

ex : اخشام اولیور aqhcham olouiur, il se fait tard, ou par le verbe باشلمق bachelamak, commencer. ex: یازمغه باشلدی iazmagha bacheladi, il a commencé à écrire.

Le verbe frequentatif s'exprime par le verbe کلمك guelmek, venir, ou avoir coutume, en mettant le verbe au gerondif en ى, ié, ou en ا, elif, ou bien en پ, up, par ex: اولیو olyou, ou اوله کلمك ola guelmek, واروپ کلمك warup guelmek, frequenter.

On l'exprime quelquefois par le present de l'indicatif terminé en یورم iurum. ex: واریورم wariiurum je vas.

Les verbes Meditatifs s'expriment de differentes manieres. par ex: قرنم جقدی karnym adgykti, ou bien simplement اچیم, atch im, j'ai faim. اشتهام واردر, ichetahum war dur. j'ai appetit.

Ils s'expriment aussi par le futur du verbe. ex: کیدجکم کلدی guidedgeum gueldi, j'iray, ou je veux aller.

Les Turcs n'ont point de verbe impersonel; mais ils se servent de la troisiéme personne du pluriel du verbe actif, ou de la troisiéme personne du singulier du passif. ex: دیرلر, dirler, ou دینور dinur, on dit.

chapitre 11.

DV VERBE SVBSTANTIF

اولمق olmak être.

Le verbe اولمق, olmak, être, ou devenir, pris comme substantif est anomal, & se conjugue de cette maniere.

CON-

TVRQVE

CONIVGAISON DV VERBE SVBSTANTIF ايم, IM, je svis.
INDICATIF PRESENT.

im	ايم	je suis
syn	سن	tu es
dur	در	il est
iz	ايز	nous sommes
siz	سز	vous étes
durler	درلر	ils sont.

IMPARFAIT, ET PARFAIT.

idum	ايدم	j'étois, ou, j'ai été
idun	ايدك	tu étois, ou, tu as été
idy	ايدى	il étoit, ou, il a été
iduk	ايدك	nous étions, ou, nous avons été
idunuz	ايدكز	vous éties, ou, vous avez été
idyler	ايلر	ils étoient, ou, ils ont été

SECOND IMPARFAIT, ET PARFAIT.

imichem	ايمشم	j'étois, ou, j'ai été
imichesyn	ايمشسن	tu étois, ou, tu as été
imichedur	ايمشدر	il etoit, ou il a été
imichiz	ايمشز	nous étions, ou, nous avons été
imichesiz	ايمشسز	vous éties, ou, vous avés été
imichelerdur	ايمشلردر	ils étoient, ou ils ont été.

PLVS-

GRAMMAIRE

PLVSQVE PARFAIT

olmiche idum	اولمش ایدم	j'avois été
idun	اولمش ایدك	tu avois été
idy	اولمش ایدی	il avoit été
olmiche iduk	اولمش ایدك	nous avions été
idunuz	اولمش ایدكز	vous aviez été
idyler	اولمش ایدیلر	ils avoient été

FVTVR

olourum	اولورم	je seray
oloursyn	اولورسن	tu seras
olour	اولور	il sera
olouruz	اولورز	nous serons
oloursiz	اولورسز	vous serez
olourler	اولورلر	ils seront

IMPERATIF.

ol	اول	sois,
olsoun	اولسون	qu'il soit,
olalum	اولالم	soyons,
olunuz,	اولكز	soyez,
olsounler,	اولسونلر	qu'ils soyent.

OPTATIF PRESENT ET IMPARFAIT.

kecheké olaidum	كشكه اولیدم	plut à Dieu, que je sois, ou fusse,
olaidun	اولیدك	tu sois, ou, fusse
		olai-

TVRQVE

olaidy	اوليدى	il soit, ou, fut
kecheké olaiduk	كشكه اولايدق	plût à Dieu que nous soyons, ou fussions
olaiduunz	اولايدكز	vous soyés, ou, fussiés
olaleridy	اولارايدى	ils soient, ou, ils fussent

SECOND IMPARFAIT

olourdum	اولوردم	je serois
olourdun	اولوردك	tu serois
olourdy	اولوردى	il seroit
olourduk	اولوردق	nous serions
olourdunuz	اولوردكز	vous seriés
olourlerdy	اولورلردى	ils seroient

PARFAIT

kecheké olmiche olam	كشكه اولش اولام	plût à Dieu que j'aie été
olasyn	اولش اولاسن	tu aies été
ola	اولش اولا	il ait été
kecheké olmiche olaiz	كشكه اولش اولاىز	plût à Dieu que nous aïons été
olasiz	اولش اولاسز	vous aiés été
olaler	اولش اولار	ils aient été

PLSQVE PARFAIT

kecheké olmiche olaidum	كشكه اولش اولايدم	plût à Dieu que j'eusse été
olaidun	اولش اولايدك	tu eusses été
olaidy	اولش اولايدى	il eût été
kecheké olmiche olaiduk	كشكه اولش اولايدق	plût à Dieu que nous eussions été

olai-

GRAMMAIRE

olaidunuz	اولمش اولايدكز	vous eussiés été
olalerdy	اولمش اولازدى	ils eussent été.

FVTVR

kecheké olam	كشكه اولام	plût à Dieu que je sois
olasyn	اولاسن	tu sois
ola	اوله	il soit
kecheké olawuz	كشكه اولاوز	plût à Dieu que nous soyons
olasiz	اولاسز	vous soyés.
olaler	اولالر	ils soient.

SVBJONCTIF PRESENT, ET FVTVR.

eier isem	اكر ايسم	si je suis, ou seray
isen	ايسڭ	si tu es, ou seras
isé	ايسه	s'il est, ou sera
eier isek	اكر ايسك	si nous sommes, ou serons
isenuz	ايسكز	si vous êtes, ou serés
iseler	ايسه لر	s'ils sont, ou seront

IMPARFAIT, ET PLVSQVE PARFAIT

eier olsaidum	اكر اولسيدم	si j'etois, ou avois été
olsaidun	اولسيدك	si tu etois, ou avois été
olsaidy	اولسيدى	s'il etoit, ou avoit été
eier olsaiduk	اكر اولسيدق	si nous etions, ou avions été
olsaidunuz	اولسيدكز	si vous eties, ou aviés été
olsaidiler	اولسيدلر	s'ils étoient, ou, avoient été

PAR-

TVRQVE
PARFAIT

eier olmiche isem	اكر اولمش ایسم	si j'ai été
isen	اولمش ایسك	si tu as été
isé	اولمش ایسه	s'il a été
eier olmiche isek	اكر اولمش ایسك	si nous avons été
isenuz	اولمش ایسكز	si vous avés été
iseler	اولمش ایسهلر	s'ils ont été

SECOND FVTVR

eier olmiche olourum	اكر اولمش اولورم	si je suis
oloursun	اولمش اولورسن	si tu es
olour	اولمش اولور	s'il est
eier olmiche olouruz	اكر اولمش اولورز	si nous sommes
oloursuz	اولمش اولورسز	si vous étes
olourler	اولمش اولورلر	s'ils sont

INFINITIF

olmak	اولمق	être

GERONDIF

iken	ایكن	étant
oloup	اولوپ	} lorsqu'il sera
olydgiak	اولیجق	
oloundgé	اولنجه	jusqu'a ce qu'il soit.

PARTICIPE PRESENT

olan	اولان	qui eft

PAR-

PARTICIPE PARFAIT

olmiche	اولمش	} qui a été
olduk	اولدق	

PARTICIPE FUTUR

oladgiak	اولاجق	qui sera
olmalu	اوللو	qui doit être

Le verbe negatif اولمق, olmamak, n'être pas, est composé du verbe simple ايم, im, ie suis, en y ajoûtant la negation دكل, deiul.

DV VERBE NEGATIF دكل, DEIVL IM, je ne svis pas.

INDICATIF PRESENT

deiul im	دكلم	je ne suis pas
syn	دكلسن	tu n'es pas
dur	دكلدر	il n'est pas
deiul iz	دكلز	nous ne sommes pas
siz	دكلسز	vous n'êtes pas
lerdur	دكلردر	ils ne sont pas

IMPARFAIT, ET PARFAIT

deiul idum	دكل ايدم	je n'étois pas, ou n'ai pas été
idun	دكل ايدك	tu n'étois pas, ou n'as pas été
idy	دكل ايدى	il n'étoit pas, ou n'a pas été
deiul iduk	دكل ايدك	nous n'étions pas, ou n'avons pas été
idunuz	دكل ايدكز	vous n'éties pas, ou n'avés pas été
idyler	دكل ايديلر	ils n'étoient pas, ou n'ont pas été

IM-

TVRQVE

II. IMPARFAIT, ET PARFAIT

deiul imiche im	دكل ايمشم	je n'étois pas, ou n'ai pas été
imiche syn	دكل ايمشسن	tu n'étois pas
imiche dur	دكل ايمشدر	il n'étoit pas
deiul imiche iz	دكل ايمشز	nous n'étions pas
imiche siz	دكل ايمشسز	uous n'etiés pas
imiche lerdur	دكل ايمشلردر	ils n'étoient pas

SVBJONCTIF PRESENT, ET FVTVR

eier deiul isem	اكر دكل ايسم	si je ne suis pas
isen	دكل ايسك	si tu n'es pas
isé	دكل ايسه	s'il n'est pas
eier deiul isek	اكر دكل ايسك	si nous ne sommes pas
isenuz	دكل ايسكز	si vous n'etes pas
iseler	دكل ايسهلر	s'ils ne sont pas

IMPARFAIT

eier deiul iseidum	اكر دكل ايسيدم	si je n'étois pas
iseidun	دكل ايسيدك	si tu n'étois pas
iseidy	دكل ايسيدى	s'il n'étoit pas
eier deiul iseiduk	اكر دكل ايسيدك	si nous n'étions pas
iseidunuz	دكل ايسيدكز	si vous n'etiés pas
iseidiler	دكل ايسيدبلر	s'ils n'étoient pas

GERONDIF

deiul iken	دكل ايكن	n'etant pas

LES

Les autres tems du verbe negatif دكل deiul im, je ne suis pas, derivent du verbe regulier اولمهق olmamak, ne pas devenir.

Le verbe substantif ایم, im, je svis, avec son negatif دكل deiul im, je ne suis pas, ne peuvent servir, que lors qu'on les met auec deux nominatifs, ou lorsqu'au lieu du second nominatif, on met quelque chose d'equivalent, comme un adverbe, ou une postposition, ex: اودەدكلدر ewdé deiul dur, il n'est pas à la maison. Car quand le verbe est à la troisième personne & qu'il s'agit d'exprimer la possession, ou l'existence d'une chose, on se sert du verbe impersonel واردر wardur, il y a. comme جبمدە اقچە واردر dgebumdé aktchia wardur. il y a de l'argent dans ma poche.

On se sert encore du verbe impersonel واردر wardur, pour signifier le verbe, avoir; mais dans ce cas il regit le genitif de la personne, ou bien, au lieu de ce genitif, on se sert du pronom possessif. ex: بنم اقچەم وار benum aktchiam war, j'ai de l'argent.
On supprime fort souvent le pronom possessif & on dit اقچەم وار aktchiam war, j'ai de l'argent.

DV VERBE IMPERSONEL وار, WAR, il y a.
INDICATIF PRESENT.

war dur   واردر   il y a

IMPARFAIT

war idy   واراىدى   il y avoit

SVBJONCTIF PRESENT

war isé   واراىسە   s'il y a

TVRQVE
IMPARFAIT

wariseidy   وارایسیدی   s'il y avoit

GERONDIF

wariken   وارایکن   lorsqu'il y a

Ce verbe emprunte les autres tems du verbe regulier اولمق olmak.
Le verbe Negatif impersonel یوقدر iokdur, il n'y a point, se conjugue de cette maniere.

DV VERBE NEGATIF IMPERSONEL

iokdur   یوقدر   il n'y a point

INDICATIF PRESENT

iokdur   یوقدر   il n'y a point.

IMPARFAIT

ioghdi   یوغدی   il n'y avoit point.

SVBJONCTIF PRESENT

ioghise   یوغسه   s'il n'y a point.

IMPARFAIT

ioghiseidi   یوغسیدی   s'il n'y avit point.

GERONDIF

ioghiken   یوغیکن   lorsqu il n'y a point.

Ce verbe emprunte ses autres tems du verbe regulier اولممق olmamak, n'être pas.

chapitre 111
DES CONJVGAISONS.

La langue turque a deux conjugaisons, la premiere se termine par مك, mek, la seconde par مق, mak.

PRE-

GRAMMAIRE

PREMIERE CONJVGAISON DES VERBES EN مك, MEK.
DV VERBE, SEWMEK, سومك, AIMER.
INDICATIF PRESENT, ET FVTVR.

sewerum	سورم	j'aime
sewersyn	سورسن	tu aimes
sewer	سور	il aime
seweriz	سورز	nous aimons
sewersiniz	سورسكز	vous aimés
sewerler	سورلر	ils aiment.

Pour apprendre facilement à conjuguer, appliques vous à retenir certaines remarques que je faits sur chaque tems.

Le present se forme touiours de l'infinitif, en changeant la terminaison مك, mek, ou مق, mak, en رم, erum, روم, arum, & رم, urum, comme سومك sewmek, aimer. سورم sewerum, j'aime. بقمق bakmak, regarder, بقهرم bakarum, je regarde. بلمك bilmek, sçavoir بلورم bilurum, je sçais.

Quand avant la terminaison de l'infinitif, il se rencontre une voyelle, on change la terminaison de l'infinitif en رم, rum. ex: بكلمك bekle-mek, attendre. بكلرم beklerum, j'attens. Mais si l'action du tems present se passe aussitôt, ou en même tems qu'on parle, on change مك mek, ou مق mak, en يورم iurum; ex: كليورم gueliiurum, je viens, je suis dans l'action de venir. كيديورم guideiurum, je vas, ou, je suis dans l'action d'aller.

I M

TVRQVE
IMPARFAIT

seweridum	سوراىدم	j'aimois
seweridun	سوراىدك	tu aimois
seweridy	سوراىدى	il aimoit
seweriduk	سوراىدك	nous aimions
seweridunuz	سوراىدكز	vous aimiés
sewerleridy	سورلراىدى	ils aimoient.

L'imparfait se forme de la troisiéme personne du present, qui n'est autre que le participe, en y adjoutant l'imparfait du verbe substantif ايدم idum, ou ايشم imichem, j'etois.

On se sert ordinairement dans les lettres de ce second imparfait du verbe substantif, en y adjoutant در dur, dans les trois personnes; ex : سوراىمشمدر sewerimichemdur, j'aimois. سوراىمشسندر sewerimichesyndur, tu aimois. سوراىمشدر sewerimichedur, il aimoit.

Si l'imparfait marque une action reelle, & presente, il se termine en يوردم, iurdum; par ex : كىده يوردم guideiurdum, j'allois, ou, j'etois dans l'action d'aller.

PARFAIT

sewdum	سودم	j'ai aimé
sewdun	سودك	tu as aimé
sewdy	سودى	il a aimé
sewduk	سودك	nous auons aimé
sewdunuz	سودكز	vous aués aimé
sewdiler	سودىلر	ils ont aimé

Le parfait se forme de l'infinitif, en changeant مك mek, ou مق mak, en دم dum.

Les

GRAMMAIRE

Les Turcs ont un second preterit, qui se forme du preterit participe du verbe primitif en y adjoutant le present, ou le preterit du verbe substantif. ex : سومشم sewmiche im, ou سومش اولدم sewmiche oldum, j'ai aimé.

PLVSQVE PARFAIT

sewmiche idum	سومش ایدم	j'avois aimé
idun	سومش ایدك	tu avois
idy	سومش ایدی	il avoit
sewmiche iduk	سومش ایدك	nouz avions aimé
idunuz	سومش ایدكز	vous auiés
idiler	سومش ایدلر	ils avoient.

Le plusque parfait se forme du preterit participe du verbe primitif, & de l'imparfait du verbe substantif.

C'est pourquoy on dit fort bien سومش ایمشم sewmiche imichem, j'avois aimé.

Il se forme encore du preterit du verbe primitif, qui se conjugue par les trois personnes, en y adjoutant la troisième personne de l'imparfait du verbe substantif ایدی, idy, qui ne se conjugue point. ex : سودم ایدی sewdum idy, j'avois aimé, سودك ایدی sewdun idy, tu avois aimé, سودی ایدی sewdy idy, il avoit aimé.

Le futur est semblable au present : quelquefois à la place du futur, on se sert du present de l'optatif, ou du second present du subjonctif en y adjoutant كرك guerek, il faut ; ex : سوم sewem, que j'aimasse, j'aimeray. سوسم كرك sewsem guerek, il faut ; que j'aime, j'aimeray.

il

TVRQVE

Il se forme souvent du participe futur du verbe primitif, & du present du verbe substantif ; ex: سوجگم sewedgeiim, j'aimeray.

IMPERATIF

sew	سو	aime
sewsun	سوسون	qu'il aime.
sewelum	سولم	aimons
sewunuz	سوکز	aimés
sewsunler	سوسونلر	qu'ils aiment.

L'imperatif se forme de l'infinitif, en otant sa terminaison ملك, mek,
ou مق, mak.

Les verbes, dont la seconde personne du singulier de l'imperatif se
termine en une voyelle, prennent à la premiere personne du pluriel
la lettre ى, ié, afin d'empecher la rencontre de deux voyelles ; comme سویله seuilé, parles. سویلیلم seuileielum, parlons.
On ajoute aussi souvent à la seconde personne du singulier un ا, elif ;
ex : سوا, sewa, aime. بقه, baka, regarde. quoi que سو sew, & بق
bak, est plus en usage.

OPTATIF PRESENT, ET FVTVR.

kecheké sewem	كشكه سوم	plût à Dieu que j'aime
sewésyn	سوهسن	tu aimes
sewé	سوه	il aime
kecheké sewewuz	كشكه سوهوز	plût à Dieu que nous aimions
sewésiz	سوهسز	vous aimes
sewéler	سوهلر	ils aiment.

Le present, & le futur de l'optatif se forment de la premiere personne du pluriel de l'imperatif, en changeant le crement لم lum, en م mim, ex: سويلم seuileielum, parlons. سويليم seuileïem, que je parle.

PRESENT, ET IMPARFAIT

kecheké seweidum	كشكه سويلم	plût à Dieu que j'aimasse
seweidun	سويدك	tu aimasses
seweidy	سويدى	il aimât
kecheké seweiduk	كشكه سويدك	plût à Dieu que nous aimassions
seweidunuz	سويدكز	vous aimassiés
seweleridy	سوه لرايدى	ils aimassent.

Le present, & l'imparfait de l'optatif se forment de la troisiéme personne du present du même mœuf, en y adjoutant l'imparfait du verbe substantif ايدم, idum.

Les Turcs ont un second imparfait de l'optatif, qui est l'imparfait de l'Indicatif.

IPARFAIT

kecheké sewmiche olam	كشكه سومش اولام	plût à Dieu que j'aie aimé
sewmiche olazyn	سومش اولاسن	tu aïes
sewmiche ola	سومش اولا	il ait
kecheké sewmiche olawuz	كشكه سومش اولاوز	plût à Dieu que nous aïons aimé
sewmiche olasiz	سومش اولاسز	vous aïes
sewmiche olaler	سومش اولالر	ils aïent

Le preterit parfait de l'optatif se forme du preterit participe du verbe
pri-

TVRQVE 43

primitif, & du present, ou futur de l'optatif du verbe substantif.

PLVSQVE PARFAIT.

echeké sewmiche olaidum	كشكه سومش اولایدم	plût à Dieu que j'eusse aimé
sewmiche olaidun	سومش اولایدك	tu eusses aimé
sewmiche olaidy	سومش اولایدی	il eut aimé
echeké sewmiche olaiduk	كشكه سومش اولیدق	plût à Dieu que nous eussions aimé
sewmiche olaidunuz	سومش اولیدكز	vous eussies aimé
sewmiche olaleridy	سومش اوللرایدی	ils eussent aimé

Le plus que parfait de l'optatif se forme de l'imparfait de l'optatif du verbe substantif & du preterit participe du verbe primitif.

SVBJONCTIF PRESENT, ET FVTVR.

eier sewer isem	اكرسورایسم	si j'aime,
sewer isen	سورایسك	si tu aimes,
sewer ise	سورایسه	s'il aime,
eier sewer isek	اكرسورایسك	si nous aimons,
sewer isenuz	سورایسكز	si vous aimés,
sewerlerisé	سورلرایسه	s'ils aiment,

Le present, & le futur du subjonctif, se forment du participe present du verbe primitif, & du present du subjonctif du verbe substantif.

PRESENT, ET IMPARFAIT

eier sewsem	اكرسوسم	si j'aime, ou, j'aimois.
sewsen	سوسك	si tu aimes, ou aimois
sewse	سوسه	s'il aime, ou aimoit
eier sewsek	اكرسوسك	si nous aimons, ou aimions

sew-

44   GRAMMAIRE

sewsenuz سوسكز si vous aimés, ou, aimés
sewseler سوسلر s'ils aiment, ou, aimoient

Le présent, & l'imparfait du subjonctif se forment de l'Infinitif, en changeant ملك mek, ou, مق mak en سم sem, comme. سوسم sewsem, si j'aime, ou j'aimois بقسم baksam, si je regarde, ou, je regardois

IMPARFAIT, ET PLVSQVE PARFAIT.

eier sewseidum اكرسوسيدم si j'aimois, ou, j'avois aimé
sewseidun سوسيدك si tu aimois, ou, avois aimé
sewseidy سوسيدى s'il aimoit, ou, avoit aimé
eier sewseiduk اكرسوسيدك si nous aimions, ou avons aimé
sewseidunuz سوسيدكز si vous aimiés, ou aviés aimé
sewseleridy سوسلرايدى s'ils aimoient, ou, avoient aimé

L'Imparfait, & le plusqueparfait du subjonctif se forment de la troisiéme personne du singulier du present du meme mœuf & de l'Imparfait de l'indicatif du verbe substantif.

PARFAIT

eier sewmiche isem اكرسومش ايسم si j'ai aimé
sewmiche isen سومش ايسك si tu as aimé
sewmiche ise سومش ايسه s'il a aimé
eier sewmiche isek اكرسومش ايسك si nous avons aimé
sewmiche isenuz سومش ايسكز si vous avés aimé
sewmiche iseler سومش ايسلر s'ils ont aimé

Le preterit parfait du subjonctif se forme du present du subjonctif du verbe substantif, & du preterit participe du verbe primitif.
Quelquefois au lieu de ce preterit, on se sert de la troisiéme personne du preterit de l'indicatif du verbe primitif, & de la premiere personne du present du subjonctif du verbe substantif conjugué par les trois personnes. ex : سودی ایسم sewdi isem, si j'ai aimé. سودی ایسك sewdi isen, si tu as aimé. سودی ایسه sewdy isé, s'il a aimé.
Ou bien on se sert de la troisiéme personne du present du subjonctif du verbe substantif, & du preterit parfait de l'indicatif du verbe primitif conjugué par les trois personnes. ex : سودم ایسه sewdum isé, si j'ai aimé. سودك ایسه sewdun isé, si tu as aimé. سودی ایسه sewdy isé, s'il a aimé.
On peut aussi dire سومش اولسم sewmiche olsam, si j'ai aimé, qui se forme du second present du subjonctif du verbe substantif, & du preterit participe du verbe primitif.

PLVSQVE PARFAIT.

aier sewmiche olsaidum	اكرسومش اولسیدم	si j'avois aimé
sewmiche olsaidun	سومش اولسیدك	si tu avois aimé
sewmiche olsaidy	سومش اولسیدی	s'il avoit aimé
aier sewmiche olsaiduk	اكرسومش اولسیدق	si nous avions aimé
sewmiche olsaidunuz	سومش اولسیدكز	si vous aviez aimé
sewmiche olsaidiler	سومش اولسیدلر	s'ils avoient aimé

Le plus que parfait du subjonctif se forme du preterit participe du verbe primitif, & de l'imparfait du subjonctif, ou optatif du verbe substantif.

II FVTVR.

eier sewmiche oloursam	اكرسومش اولورسم	si j'aime.
sewmiche oloursan	سومش اولورسك	si tu aimes
sewmiche oloursa	سومش اولورسه	s'il aime
eier sewmiche oloursek	اكرسومش اولورسق	si nous aimons
sewmiche oloursanuz	سومش اولورسكز	si vous aimez
sewmiche olourlersa	سومش اولورلرسه	s'ils aiment.

Le second futur se forme du preterit participe du verbe primitif, & du futur du subjonctif du verbe substantif ; si le futur est simple, servés vous du present du subjonctif.

INFINITIF.

sewmek سومك aimer.

Remarqués 1° que L'Infinitif se decline comme un nom, en supprimant le ك kiaf, ou ق kaf final, ex: سومه sewmé, سومه‌نك sewmenun سومه‌يه sewmeïé سومه sevvmeïi سومه‌دن seme‍den. &c.

Si l'Infinitif prend la terminaison possessive, il change le ك kiaf, ou ق kaf, en م mim, ك noun, & سى si, qui signifient possession ; ex: سوم sewmem, سومك sewmen, سومه‌سى sewmesi.

Remarqués 11° que l'Infinitif prend le crement ين in, ou ايله ilé, pour exprimer la cause de l'affirmation, qui suit, & pour lors on change le ك kiaf, ou ق kaf final en ك guiaf ; ex: سومكين sewmeïin, & سومه‌يله sewmeïilé, parceque j'ai aimé, tu as aimé, il a aimé.

L'Infinitif, à proprement parler, n'a ni preterit, ni futur ; on peut cependant de l'Infinitif du verbe substantif اولق, & du preterit participe

cipe, du verbe primitif, former un preterit ; exemple : سومش اولمق
sewmiche olmak, avoir aimé. Du futur participe du verbe primitif,
& du present de l'Infinitif du verbe substantif, se peut composer un
futur de l'infinitif, comme ; سوجك اولمق sewedgek olmak, devoir aimer. Ces deux derniers tems ne sont point en usage.

DES GERONDIFS.

Le gerondif en di, s'exprime par l'Infinitif, ou par le futur participe, ou par le genitif de l'infinitif, ou par le datif, ex : اقومق زمانى دكل
okoumak zemani deiul, ce n'est pas le tems d'etudier. اوينيجق زمان دكل
oïnaïadgiak zeman deiul, ce n'est pas le tems de jouer. اوقومه نك
فايدهسى نه okoumanun faidesi ne, à quoy sert il d'etudier, چكشمكه
سبب اولدى tchêkichemeïé sebeb oldy, il a été la cause de la que-
relle. Le gerondif en, do, s'exprime par le participe avec le gerondif du verbe substantif, ou bien quand l'action est presente, par le participe en يور uiur, ou par l'infinitif, en changeant مك mek, ou مق mak,
en يوپ iup, par, ex : اوقورکن okourken ou اوقويورکن okouïurken, en etudi-
ant. سووپ sewup, en aimant. سويليوپ seuïleïup, en parlant.
Les Turcs ont encore un gerondif, qui est formé du preterit, & du
second futur, en changeant مك mek, ou مق mak, en يجك idgek
ou يجق idgiak, ex : سوجك sewidgek, apresque j'ai aimé بقيجق ba-
kydgiak, apresque j'ai regardé.

Mais le gerondif en, do, s'exprime mieux par la troisieme personne
du singulier de l'Optatif present, en y adjoûtant رك rek, ou رق rak,
ex : سورك sewerek, en aimant. بقرق bakarak, en regardant.

Quelquefois pour exprimer le même gerondif en, do, on se sert de
la troisieme personne du singulier de l'optatif present, qu'on repete

comme

comme كوله كوله بايلدم gulé gulé baïildum, je me suis pâmé à force de rire.

On l'exprime aussi en mettant aprés l'Infinitif les postpositions له lé, ته té, حه dgé, ex: سومجه sewmeïilé. o سومكته sewmekté, سومنجه sewindgé, en aimant.

Le gerondif en ,dum, s'exprime par le datif de l'Infinitif, ou par quelque postposition,qu'on met aprés l'Infinitif ; ex: سومكه sewme-ïé ou سومك يجون sewmek itchun, pour aimer.

Les Turcs se servent du datif de l'Infinitif pour exprimer le supin ; ex: نماز قلمغه كيتدى nemaz kylmagha guitti, il est allé prier Dieu.

Les participes se forment de l'Infinitif, en changeant مك mek, ou مق mak, en une des particules suivantes ر er, ار ar, اور ur, مش miche, يسر iser, ن en, ان an, يجى idgi, جك edgek, ou bien en mettant لو lu, au lieu du kiaf, ou kaf final ; exemple سور se- wer, aimant, بقر bakar, regardant, بلن bilen, sçachant, كيتملو guit- melu, qui doit aller. Les Turcs, pour exprimer, depuis que, chan- gent les terminaisons infinitives مك mek, & مق mak, en لدن el- den, ou الدن alden, au quel on ajoûte برو beru, ex: سولدن برو sewelden beru, depuis que j'aime ou j'ai aimé, بقلدن برو bakaldan beru, depuis, que je regarde, ou, j'ai regardé.

chapitre IV

DV VERBE NEGATIF.

Le verbe negatif, comme nous l'avons déja dit, se forme du verbe af- firmatif, en prenant pour la penultiéme syllabe م me ou م ma, comme سومك sewmek, aimer. سوممك sewmemek, ne pas aimer. بقمق bak- mak, regarder. بقممق bakmamak, ne pas rgarder.

DV

TVRQVE

DV VERBE NEGATIF سومَمك sewmemek, ne pas aimer.
INDICATIF PRESENT. ET FVTVR.

sewmem	سومَم	je n'aime pas
sewmezsyn	سومَزسن	tu n'aimes pas
sewmez	سومَز	il n'aime pas
sewmeziz	سومَزز	nous n'aimons pas
sewmezsyniz	سومَزسكَز	vous n'aimez pas
sewmezler	سومَزلر	ils n'aiment pas

Le present, & le futur de l'Indicatif du verbe negatif, se forme de l'Infinitif du verbe affirmatif, en changeant le ك kiaf, ou ق kaf final en م mim.

Il se forme encore en changeant مَك memek, ou مَق mamak, en مَز mez ou maz, au quel on ajoûte le verbe substantif ايم im, je suis, ex: سومَزم sewmezim, je n'aime pas, سومَزسن sewmezsyn, tu n'aimes pas, سومَزدر sewmezdur, il n'aime pas. Ce dernier tems n'est pas fort en usage.

IMPARFAIT

sewmez idum	سومَزايدم	je n'aimois pas
idun	سومَزايدك	tu n'aimois pas
idy	سومَزايدى	il n'aimoit pas
sewmez iduk	سومَزايدك	nous n'aimions pas
idunuz	سومَزايدكز	vous n'aimiez pas
idiler	سومَزايديلر	ils n'aimoient pas

PAR-

GRAMMAIRE
PARFAIT

sewmedum	سومدم	je n'ai pas aimé
sewmedun	سومدك	tu n'as pas aimé
sewmedy	سومدى	il n'a pas aimé
sewmeduk	سومدك	nous n'avons pas aimé
sewmedunuz	سومدكز	vous n'avez pas aimé
sewmediler	سومدىلر	ils n'ont pas aimé

PLVSQVE PARFAIT

sewmemiche idum	سومش ايدم	je n'avois pas aimé
sewmemiche idun	سومش ايدك	tu n'avois pas aimé
sewmemiche idy	سومش ايدى	il n'avoit pas aimé
sewmemiche iduk	سومش ايدك	nous n'avions pas aimé
sewmemiche idunuz	سومش ايدكز	vous n'aviez pas aimé
sewmemiche idiler	سومش ايدىلر	ils n'avoient pas aimé

Les autres tems du verbe negatif se forment de même que les tems du verbe affirmatif, comme les verbes Impoſſibles, Transitifs, paſ-ſifs, Cooperatifs, reciproques, & ceux de la seconde conjugaison se conjuguent de même, que le verbe sewmek. Je ne m'arrêteray pas davantage à vous les expliquer. Remarqués seulement, qu'ils gardent dans tous les tems leurs terminaisons caracteristiques, & que les verbes actifs, qui ont devant مك mek, ou مق mak, une voïelle, forment leurs paſſifs en mettant au lieu de ل il, la lettre ن n. devant leurs terminaisons مك mek, ou مق mak, ex: دمك dimek, dire. دنمك dinmek, être dit, اوقومق okoumak, lire, اوقنمق okounmak, être lû. بسلمك beslemek, nourrir, بسلنمك beslenmek être nourri.

QVAT-

QVATRIE'ME PARTIE
DES AVTRES PARTIES DV DISCOVRS.
chapitre 1.
DE LA FORMATION DES ADVERBES.

Les Turcs, au lieu des Adverbes, se servent souvent des noms adjectifs. ex: کوزل guzel, joli, joliment. ای eïu, bon, bien &c. Ou, des noms substantifs, auxquels ils joignent les postpositions ایله ilé, ou اوزره uzré; ex: رعایتیله riaïetilé, honorablement, دوستلق اوزره dostlyk uzré, en ami.

Ils les forment encore, en ajoûtant à leurs adjectifs & substantifs la terminaison persane انه, ané; ex: دوستانه dostané, en ami. عاقلانه akylané, prudemment.

Pour former les adverbes des noms de nations & de pays, ils ajoûtent seulement جه, dgé, ou چه, tché; comme نمچه, nemtché, Allemand, نمچه‌جه nemtchedgé, en Allemand. له léh, polonois, لهچه léhtché, en polonois.

ADVERBES DE LIEV

kani	قنی	
kaniia	قنیا	
kandé	قنده	où
nereïé	نره‌یه	
neredé	نره‌ده	
né aradé	نه‌اراده	dans quel lieu
né ierdé	نه‌یرده	
né méhéldé	نه‌محلده	bou

GRAMMAIRE

bourada	بورادﻩ	
bourda	بونده	icy
bou ierdé	بویرده	
bouradgikda	بوراجقده	
bourdan	بوندن	
bouraden	بورادن	d'icy
bou ierden	بویردن	
bouradgikden	بوراجقدن	
chounda	شونده	là
chourdan	شوندن	de là
berudé	بروده	de ce côté-cy
bou tarafdé	بوطرفده	
eutédé	اوته ده	de ce côté-là
ol tarafdé	اول طرفده	
euté beru	اوته برو	ça & là
her ierdé	هریرده	par tout
hitche bir ierdé	هیج بیرده	en aucun lieu
her kandé	هرقنده	en quelque lieu, que ce soit
jokarida	یوقریده	en haut
achaghida	اشغیده	en bas
itcherdé	ایچده	dedans
dicharda	طشرده	dehors
iebandé	یبانده	hors d'un endroit
tacherada	طشره ده	hors du pays
eugvundé	اوکونده	devant
ardinda	اردنده	derriere
ilerudé	الروده	en avant

gue-

guérudé	كروده	en arriere
iakynda	يقينده	proche
irakda	اراقده	loin
oüzakda	اوزاقده	
saghdé	صاغده	à droit
solda	صولده	à gauche
ustundé	اوستنده	dessus
uzré	اوزره	
uzerindé	اوزرنده	
altynda	التنده	dessous
etrafdé	اطرافده	autour
en dibdé	اكدیبده	tout au bas
katchian	قچان	quand
chimdi	شمدی	maintenant
demin	دمين	il n'y a qu'un moment
henuz	هنوز	tout à cette heure
daqhi	دخی	encore
filhal	فى الحال	aussitôt
tez	تيز	vitement
iakynlerdé	يقينلرده	dernierement
tchiokdan	چوقدن	depuis long tems
byldur	بولدر	l'année passée
dun	دون	hier
bugun	بوكون	aujourd'huy
iaryn	يارين	demain
aqhcham	اخشام	ce soir

sabah	صباح	ce matin
iarynden	يارىندن	le jour suivant
gun begun	كون بكون	de jour en jour
daïma	دائما	toûjours
guetché gunduz	كيجه كوندز	nuit, & jour
guetchenlerdé	كچنلرده	autrefois
euté gunlerdé	اوته كونلرده	ces jours passés
Iakyndé	يقينده	bientôt
guiahtché bir	كاهچه بر	quelquefois
bir az	بر ز	un peu
erken	اركن	de bonne heure
guetché	كچ	tard
asla	اصلا	jamais
ta	تا	jusqu'a ce que
nitché bir	نچه بر	jusqu'a quand
moukaddem	مقدم	auparavant
son-ra	صكره	après
en son-ra	اك صكره	enfin
apansiz	اپ اكسز	tout aussitôt
syktché	صقجه	souvent
bou esnadé	بو اثناده	cependant
gunduzin	كوندزن	pendant le jour
guiédgéilé	كيجه ايله	pendant la nuit
Iazin	يازن	pendant l'été
kychyn	قيشن	pendant l'hyver
euïlein	اويلين	à midy

tchin

TVRQVE

tchin sabah	چیك صباح	de grand matin

ADVERBES DE NOMBRE

tchiok kerré	چوق کره	plusieurs fois
seirek	سیرك	rarement
guéné	کنه	
tekrar	تكرار	de rechef
bir dachi	ردنی	encore une fois

ADVERBES D'ORDRE

ewela	اولا	
iptida	ابتدا	premierement
moukaddema	مقدما	
saniia	ثانیا	secondement
salisa	ثالثا	troisiémement
rabiia	رابعا	quatriémement
akybet	عاقبت	enfin
syra ilé	صرہ ایله	consecutivement
neubet ilé	نوبت ایله	alternativement

ADVERBES D'EVENEMENT

kaza ilé	قضا ایله	par hazard
qhata ilé	خطا ایله	involontairement

ADVERBES DE SIMILITVDE

nidgé	نجه	
guibi	کبی	demême que
sanki	صانکه	
gueuiaki	کویاکه	
beuilé	بویله	ainsique

cheuilé

cheuïle	شویله	ainsi que.

ADVERBE DE LOVANGE
aferin	افرين	bien

ADVERBES AVGMENTATIFS
ol kadar, ki	اولقدرکه	
ol mertebedé ki	اول مرتبه ده که	tant que.
katy	قى	beaucoup.

ADVERBES DIMINVTIFS
bir schel	برسول	un peu
iaptché iaptché	یاپچه یاپچه	peu à peu
azer azer	ازرازر	tant soit peu
paré paré	باره باره	par morçeaux
andgiak	انجق	à peine

ADVERBES AFFIRMATIFS
ewet	اوت	ouy
euïlé dur	اویله در	ainsi
zahir	ظاهر	apparement
guértchek	کرچك	serieusement
tahkik	تحقيق	certainement
sahih	صحيح	sûrement
chublie siz	شبهه سز	sans doute
mukarer	مقرر	veritablement.

ADVERBES NEGATIFS
iok	يوق	non
qhaïr	خير	point du tout
		iche

TVRQVE 57

ADVERBE DEMONSTRATIF

ichete   اشته   voicy

ADVERBES INTERROGATIFS

nitchiun   نیچون   pourquoy?
ne sebeb   نه سبب   pour quelle raison?
nidge   نجه   comment,
nekadar   نقدر   combien?

ADVERBES OPTATIFS

kécheké   كشكه
bolaïki   بولایكی   plût à Dieu
nolaïdy   نولایدی

ADVERBES D'EXHOTER

diimdi   دی ایدی
                          courage
aïa   ایا

ADVERBES DE DOVTER

méïer   مكر   à moins que
ioksa   یوخسه   sinon
belki   بلكه
olaki   اولا كه   peut être

ADVERBES D'ASSEMBLER

bilé   بله   ensemble
biroghourdan   براوعوردن   tout d'un coup
dgiumhurilé   جمهورایله   d'homme à homme

ADVERBES DE SEPARER

bacheka   باشقه   separément
bir taraf   برطرف   loin

GRAMMAIRE

ADVERBE D'ACCORDER
nola   نوله   soit

chapitre II.
DES POSTPOSITIONS.

Les postpositions des Turcs, se mettent immédiatement après les noms. Les unes gouvernent le nominatif, les autres le datif, d'autres enfin demandent l'ablatif.

POSTPOSITIONS, QVI GOVVERNENT LE NOMINATIF

dé	ده	dans	chéhirdé	شهرده	dans la ville
den	دن	de	benden	بندن	de moi
ilé	ایله	avec	agha ilé	اغا ایله	avec le maître
siz	سز	sans	ersiz	ارسز	sans mari
uzré	اوزره	dessus	bache uzré	باش اوزره	dessus la tête
achuri	اشوری	au delà	deniz achuri	دکز اشوری	au delà de la mer
itchiun	ایچون	pour	agha itchiun	اغا ایچون	pour le maître
guibi	کبی	comme	adem guibi	ادم کبی	comme un homme

POSTPOSITIONS, QVI GOVVERNENT LE DATIF

dek	دك	jusque	bazaredek	بازره دك	jusqu'à dimanche

gucu-

TVRQVE

gueuré	کوره selon	ana gueuré	اکاکوره	selon cela
doghrou	طوغرو droit	bana doghrou	بکاطوغرو	droit à moi
karchou	قرشو contre	sana karchou	سکاقرشو	contre vous

POSTPOSITIONS, QVI GOVVERNENT L'ABLATIF.

euturu	اوترو à cause	benden euturu	بندن اوترو	à cause de moi
iana	یکا a l'egard	benden iana	بندن یکا	a l'egard de moi
son-ra	صکره aprés	benden son-ra	بندن صکره	aprés moi
euté	اوته au delà	chéhirden euté	شهردن اوته	au delà de la ville
ghairi	غیری outre	andan ghairi	اندن غیری	outre cela
tachera	طشره hors	chéhirden tachera	شهردن طشره	hors de la ville
itchéru	ایچرو dedans	ewden itchéru	اودن ایچرو	dedans la maison

chapitre III,

DES CONJONCTIONS.

Les Turcs ont sept sortes de conjonctions, les copulatives, les disjonctives, les adversatives, les exceptives, les causales, les ratiocinatives, & les expletives.

TABLE DES CONJONCTIONS

COPVLATIVES			DISJONCTIVES		
w'e	و	&	ia	یا	ou
hem	هم	encore	iaqhod	یاخود	ou bien

GRAMMAIRE

ADVERSATIVES · EXCEPTIVES

amma اما mais · ghaïri غيري autre
lakin لكن cependant · eier né اكرنه a moins que

CAVSALES · RATIOCINATIVES

zira زيرا car · imdi ايمدى donc
tchiunki چونكه puis que · iani يعنى à sçavoir

EXPLETIVES

bilé بله aussi · tek تك pourveu que

chapitre IV.

DES INTERJECTIONS

Les Turcs ont autant d'interjections, qu'il y a de differentes passions dans l'homme.

INTERJECTIONS POVR EXPRIMER
L'EXCLAMATION

meded allah مددالله ô Dieu ! · subhanallah سبحان الله grand Dieu !

L'ADMIRATION

barek allah باركالله ô Dieu ! · ba يا ô

LA DOVLEVR · LA CRAINTE

ah اٰ ha · hai هاى helas !

LES MENACES · LA NEGATION

waj واى malheur à toi · bi يا non

POVR CHASSER · POVR IMPOSER SILENCE

haïdé هايده hors d'icy · soufse سوسا paix

POVR APPELLER · POVR LOVER

bré بره holas · poh poh په په bien
hei هى

CINQVIEME PARTIE
DE LA SYNTAXE
chapitre 1.
DE LA MANIERE DE PARLER A QVELQV'VN.

Les Turcs tutoïent indifferemment leurs superieurs, leurs egaux, comme leurs inferieurs. ex. خوش كلدك qhoche gueldun, sois le bien venû.

L'usage cependant, ou plutôt l'abus, que les étrangers ont introduit dans la langue Turque, permet aujourd'huy de se servir du pluriel, ou de la troisiéme personne du singulier, lorsqu'on parle aux personnes constituées en dignité, ou à son superieur; ex. بيورك bouïurun, ordonnés.

on se sert aussi aujourd'huy des titres d'honneur, par respect pour les personnes elevées au dessus des autres par leur naissance, ou par quelque dignité ; comme جنابكز dgenabunuz حضرتكز hazretunuz, vôtre grandeur, vôtre altesse, vôtre majesté. بك حضرتلري beg hazretleri, sa grandeur &c.

chapitre 11.
DE L'ORDRE DE LA CONSTRVCTION

On met ordinairement le verbe, ou devant le cas qu'il gouuerne, ou à la fin de la phrase. Mais on n'est pas si astraint à ces regles dans le discours familier ; ex. اوردم اصلاجغي ourdum asyladgiaghy; j'ai frappé ce vaurien,

Les

Les Turcs ont un ſtile tres periodique; c'eſt pourquoy on trouve ſouvent le verbe perſonel, ou le gerondif, d'ou depend le ſens, & la conſtruction, à la fin des periodes de dix, quinze, ou vint lignes.

Il faut toûjours commencer la phraſe par ſon nominatif; a moins qu'il n'y ait quelque conjonction, adverbe, ou autre particule dans la phraſe, ou que le cas du verbe ſoit interrogatif, car pour lors on ne met le nominatif qu'aprés ces particules, & ces interrogations: exemple: قنغيسني اغا اوردى kanghyſini agha ourdy; le quel eſt ce, qu'a frappé le maître?

Si le cas du verbe eſt au datif, il ſe met devant le nominatif, comme: سكاكم ديدى ſana kim didi? qui vous l'a dit?

Si le verbe gouverne deux cas, dont l'un eſt le datif, & l'autre l'accuſatif, le datif ſe met devant l'accuſatif, ex: اغام بكا بر ايو جهات بغشلادى Agham bana bir eiutché at baghycheladi, mon maître m'a donné un bon cheval. Si la phraſe eſt interrogative, & qu'il n'y ait aucun nom, pronom, ou particule Interrogative, on ſe ſert de la particule interrogative می mi, qu'on met, ou aprés le nom, s'il y a rapport, comme: اغامى كتدى Aghami guitdi? eſt ce le maître qui eſt ſorti? ou aprés le verbe, en cas qu'il le regarde. par ex: اغا كتدى مى agha guitdimi? le maître eſt il ſorti? Remarqués, que les verbes, qui ſont joints au verbe ſubſtantif prennent la particule می mi, immediatement devant le verbe ſubſtantif, ex: كيدرميسن guidermi ſyn, irés vous?

Quoy qu'on ſe ſerve ordinairement des particules affirmatives, & negatives اود ewed, oüi; & يوق iok, non, pour répondre, lors qu'on eſt interrogé, cependant quand on veut parler plus poliment, on repete dans la réponſe le verbe, dont on s'eſt ſervi dans

l'Inl'Interrogation, par ex: واردكمى wardünmi; y êtes-vous allé, واردم wardum, j'y suis allé.

chapitre III.
DE LA CONCORDANCE D'VN NOM, AVEC VN AVTRE.

Les noms adjectifs Turcs joints à quelque substantif ne se declinent pas, par ex: كوزل ادملر guzel ademler, les beaux hommes.
Les participes, les pronoms, & les noms numeraux suivent la regle des adjectifs, & precedent toûjours leurs substantifs ; comme : سويلدجك ادم sewiledgek adem, un aimable homme.
Les adjectifs Turcs ne gouvernent point de cas ; mais au lieu de ces adjectifs, qui dans nôtre langue regissent le genitif, le datif, ou l'ablatif, ils se servent du participe, qui gouverne alors le même cas, que son verbe; ex: صلحى سويجى soulhy sewidgi, amateur de la paix ou aimant la paix.

chapitre IV.
DE LA CONCORDANCE D'VN SVBSTANTIF AVEC VN AVTRE.

Lorsqu'il y a deux substantifs de suite, on met le second au genitif, soit qu'il s'y rapporte, soit qu'il ne s'y rapporte pas, ex: احمدك باباسى Ahmédun babasi, le pere d'Ahmet.
Lorsque deux substantifs appartenants à diverses choses se rencontrent, le second se met au genitif, & le premier demeure au nominatif, en y ajoûtant un ى, ié, à la fin, si c'est un nom de la premiere

clinaison, & s'il est de la seconde, il faut y ajoûter سی si : ex : پدروسك
كتابی pedrosun kitabi, le livre de pierre. پدروسك باباسی pedrosun babàsi, le pere de pierre.

Mais quand on veut denoter la quantité d'une chose, on met le substantif au nominatif. ex : برالای حرامزاده bir alaï heremzadé, une troupe de fripons.

Le nom, ou, le verbe, qui est joint au nom de nombre, se met au singulier, & après le nom de nombre. par ex : اوچ ادم, utche adem, trois hommes ; Excepté dans les registres : car alors le substantif precede le nom de nombre ; par ex : یولجی نفر اون بش ioldgi nefer onbèche, quinze voyageurs.

Lorsque deux noms substantifs, se rencontrent, le second nom, qui est indeterminé, perd la terminaison caracteristique du genitif : ex : پاشا اوغلی pacha oghlou, le fils d'un pacha.

Pour marquer la matiere, dont est composée une chose, & ce que nous rendons par la particule, de, les Turcs se servent de deux substantifs, qu'ils mettent au nominatif. ex : كومش قاشق gumuche kachyk, ou bien par l'adjectif, qui fait la matiere ; par ex : كومشلو قاشق gumuchelu kachyk, ou par l'ablatif du nom de la matiere ; comme : كومشدن قاشق gumucheden kachyk, une cuilliere d'argent.

chapitre v.

DES VERBES.

Le verbe personel doit toûjours être precedé par son nominatif exprimé, ou sousentendû, & qui soit de la méme personne, & du méme nombre.

Le verbe substantif, exprimé, ou sousentendû, est toûjours précedé, ou svivi d'un substantif. Le même verbe substantif gouverne deux nominatifs ; ex. الله كريمدر Allah kerim dur, Dieu est bon.
Le verbe personel précedé d'un nominatif de la troisiéme personne du pluriel, prête au nom sa terminaison لر ler, en sorte que le nom paroît être au pluriel, & le verbe au singulier; ex انلر كتدى anlar guitti, ils sont allé.

On se sert souvent du preterit, pour le present, de l'optatif pour l'imperatif, & subjonctif ; ex : سودم sewdum, j'aime, ou j'ai aimé سوه sewé, qu'il aime, qu'il aimât, سوم sewem, que j'aime, que j'aie aimé.

La particule كه ki, qui exprime nôtre, que, regit l'indicatif, ex : استدم كسن كتدك ichitdum kisen guitdin ; j'ai entendu dire, que vous étiés parti.

Les Turcs expriment la conjonction, afin que, par le gerondif, ou par le datif de l'infinitif, ex : سومك ايچون sewmek itchiun ou سومكه sewmeïé, pour aimer, afin que j'aime.

Aprés les verbes d'opinion, & de science, on se sert rarement de la particule كه ki; mais on met le verbe à l'indicatif, au quel on ajoûte le verbe d'opinion, ou de science ; ex : كتدى صاندم guitdi sandum, j'ai crû qu'il étoit parti.

Lorsqu'il y a comparaison entre deux verbes, qui sont à l'infinitif, le comparatif suit le positif qu'on met alors à l'ablatif, & au quel on ajoûte la particule ايسه isé, par ex : يكلش اوقومقدن ايسه اوقومق يكدر ianliche okoumakdan isé, okoumamak ieï dur, il vaut mieux ne pas lire, que de lire mal.

Les

Les verbes actifs, & transitifs gouvernent l'accusatif, qui pour lors ne prend point sa terminaison caracteristique, amoins qu'il ne faille le determiner pour distinguer le sens de la periode: ex: ات المق et al. mak, acheter de la viande.

Les verbes qui dans le françois gouvernent l'accusatif, & le datif, gouvernent ordinairement ces mêmes cas dans le Turc. ex: بن سكا برات باغيشلدم ben sana bir at baghycheladum, je vous ai donné un cheval.

Plusieurs autres verbes gouvernent le datif. ex: بكا بق bana bak, regardés moy.

Les verbes derivés des participes Arabes, & du verbe, اولمق, olmak, gouvernent le datif. par ex: بر نسنه يه طالب اولمق bir nesneïe talyb olmak, souhaiter quelque chose.

Les verbes, craindre, se degouter, detester, & leurs composés, gouvernent l'ablatif. par ex: اللهدن قورقارم allahdan korkarum, je crains Dieu.

Le verbe passif gouverne quelque fois l'ablatif, ou le datif; par ex: اول قلعه سلیمان الندن فتح اولندی ol kalé Suleiman elinden feth oloundi cette place a été prise par Soleiman. اكا طوتلدی ana toutouldy, il a été pris par luy.

chapitre VI

DES QVESTIONS DE LIEV, ET DV TEMS.

A la question قنده kandé, où نیره neïeré, ou, lors qu'il n'y a point de mouvement, on répond par la postposition, ده, dé, qu'on joint

TVRQVE 67

oint au nom de lieu dont il s'agit : ex : باغچه ده baghtchedé, dans le jardin. Lorsqu'il y a du mouvement, on met le nom de lieu au datif, comme بچه كتدى Betché guitdi, il est allé à vienne.

Aprés les questions قندن, kanden, doù, ردن nereden, par où? on met les noms de lieu a l'ablatif ; comme باغچه دن baktchéden, par le jardin ; بچدن betcheden, de vienne.

Aprés la question de lieu نقدر اوزاق nekadar ouzak, combien de lieües, ou de journées, ou lors qu'on demande la distance du lieu, on met le nom de lieu au nominatif ; comme : اوچ ميل يٖر utche milier, trois milles.

Aprés la question de tems نه زماندن برو nezemanden beru, depuis quel tems, on met le nom du tems à l'ablatif ; ex : چوقدن tchiokdan depuis long-tems.

Aprés la question de tems نه قدر زمان nekadar zeman, combien de tems, on met le nom du tems au nominatif ; ex : اوچ يل utche iil, trois ans.

Aprés les questions قچن katchian, quand, نه زمان ne zeman, à quel tems, on met le nom du tems au nominatif, au quel on peut ajoûter la postposition كى ni. ex : بازار كونى bazar guni, dimanche.

A la question نيچه nidgé, comment, on repond par un adverbe ; par ex : رعايت ايله riaïetilé, honorablement, ou par l'ablatif ; ex : انك سببندن anun sebebinden, pour l'amour de lui.

A la question قچه katchia, combien, de quel prix, on repond par le datif. ex : دورت غروشه deurt ghrocha, à quatre écus.

FIN DE LA SYNTAXE

SIXIE'ME

SIXIEME PARTIE

RECVEIL DES NOMS, ET DES VERBES.

&

LES MANIERES DE PARLER LES PLVS NECESSAIRES

a savoir

RECVEIL DES NOMS

DV CIEL, ET DES ELEMENTS &c.

Allah qhalikoul mewdgiudat	الله خالق الموجودات	Dieu createur de l'univers
Hazreti Issa	حضرت عيسى	Jesus Christ
Rouhoul koudous	روح القدس	le St. Esprit
Hazreti Meriem	حضرت مريم	Ste. Marie
Melekler	ملكلر	les Anges
Ewliïaler	اوليالر	les Saints
Dgennet	جنت	le paradis
Dgehennem	جهنم	l'Enfer
Earaf	اعراف	le purgatoire
Cheïtanler	شيطانلر	les Diables
Gueukler	كوكلر	les Cieux
Anasiri erbéa	عناصر اربعه	les 4 elements
iildyzlar gueuii	يلديزلر كويى	le firmament
alemi dgeberrut	عالم جبروت	le ciel empirée
guneche	كونش	le soleil
aï	اى	la lune
bouroudgi sema	بروج سما	les signes celestes

seï

RECUEIL DES NOMS

seïaré	سياره	la planète
hamil burdgi	حمل برجى	le belier
sewir burdgi	ثور برجى	le taureau
dgewza burdgi	جوزا برجى	les gemeaux
seretan burdgi	سرطان برجى	l'ecrevisse
esed burdgi	أسد برجى	le lion
sunbulé burdgi	سنبله برجى	la vierge
mizan burdgi	ميزان برجى	la balance
acreb burdgi	عقرب برجى	le scorpion
kaws burdgi	قوس برجى	le sagittaire
dgedi burdgi	جدى برجى	le capricorne
délwe burdgi	دلو برجى	le verseau
hout burdgi	حوت برجى	les poissons
dubbi ekber	دب اكبر	la grande ourse
dubbi asghar	دب اصغر	la petite ourse
hestenberé	هستنبره	le dragon
elfeké	الفكه	la couronne
elnesk	النسق	orion
kouïrouklou iildyz	قويرقلى يلدز	une comète
iildyzler	يلدزلر	les étoiles
mintakaï mebroudé	منطقة مبروده	la zone froide
mintakaï mahrouka	منطقة محروقه	la zone torride
mintakaï moutedilé	منطقة معتدله	la zone temperée
mouaddili leïl venehar	معدل ليل ونهار	l'equateur
qhatty istiwa	خط استوا	la ligne de l'equateur
bouloutler	بولتلر	les nuês

ruzghiarler	روزکارلر	les vents
ildiz	یلدز	nord
poriaz	پوراز	nord-est
gun doghousi	کون طوغوسی	est
kechicheléme	کششلمه	sud-est
kyblé	قبله	sud
lodos	لدوس	sud-ouest
baty	باطی	ouest
kara ïel	قره یل	nord-ouest
badihyzan	بادخزان	le vent d'automne
bache ïel	باش یل	le vent cardinal
dgianbi ïel	جنبی یل	le vent collateral
latif ïel	لطیف یل	un petit vent
saqht ïel	سخت یل	un vent fort
eïam	ایام	un vent favorable
iaghmour	یغمور	la pluïe
chimchek	شمشك	les éclairs
dolou	طولو	la grêle
ildirim	یلدرم	le tonnerre
kar	قار	la neige
kiraghou	قراغو	la gelée
bouz	یوز	la glace
tchïi	چه	la rosée
douman	طومان	le brouillard
zerzele	زلزله	le tremblement de terre
toufan	طوفان	la tempete

atéche

DES NOMS

atéché	اتش	le feu
hewa	هوا	l'air
toprak	طبراق	la terre

DV TEMS, ET DES SAISONS DE L'ANNÉE

zeman	زمان	le tems
deurt fasyl	دورت فصل	les 4 saisons de l'année
bahar	بهار	le printems
iaz	ياز	l'eté
son-bahar	صوڭ بهار	l'automne
kyche	قش	l'hyver
eiami bahour	ايام باحور	les jours caniculaires
itidalul leiliwe-nihar	اعتدال ليل ونهار	l'equinoxe
orak zemani	اوراق زمانى	le tems de la moisson
gul mewsimi	كل موسمى	le tems des roses
bagh bozoumi	باغ بوزومى	les vendanges
bir sené	برسنة	un an
kebisé	كبيسنة	l'anneé bissextile
bir aï	براى	un mois
bir hefté	برهفته	une semaine
gun	كون	le jour
guedgé	كجه	la nuit
bir sahat	برساعت	une heure
iarim sahat	يارم ساعت	une demie-heure
bir tcheïrek sahat	برجيرك ساعت	un quart d'heure

utché

utchetcheïrek sahat	اوچ چیرك ساعت	trois quarts d'heure
euïlé	اویله	midi
ikindi	اكندی	le point, qui partage également l'espace, qui est entre le midi, & le coucher du soleil.
aqcham	اخشام	le soir
ïatsou	یاتسو	deux heures de nuit
iari guedgé	یاری کجه	minuit
sabah	صباح	le matin
kouchelouk	قوشلق	le point qui diuise egalement l'espace, qui est entre le lever du soleil, & le midi
gun agharmasi	كون اغرمسی	l'aube du jour
gunéche batdyghy	كونش باطدوغی	le coucher du soleil
gun doghousi	كون طوغوسی	le lever du soleil
aqcham nemazi	اخشام نمازی	le crepuscule
aïdynlyk	ایدنلق	la lumière
karanlyk	قرانلق	les tenebres
atchik hawa	اچق هوا	un beau tems
ïaghmourlu hawa	یاغمورلوهوا	un tems pluvieux

DES JOVRS DE LA SEMAINE

bazar gun	بازاركونی	dimanche
bazar ertesi	بازارايرته سی	lundy
sali	صالی	mardy
		tchihar

DES NOMS

tchiharchenbeh	چهارشنبه	mercredy
pendgiuchenbeh	پنجشنبه	jeudy
dgiuma	جمعه	vendredy
dgiuma ertesi	جمعه ايرتسى	samedy

DES MOIS

Les Turcs ont deux sortes de mois, les mois solaires, qui ne changent point, & les mois lunaires, qui sont mobiles. Nous mettons ceux-cy selon l'ordre qu'ils ont cette année-cy 1730, & de l'Egire 1143. Les Turcs ecrivent ordinairement en abregé les noms des mois lunaires en les marquant simplement par une lettre tirée du nom du mois; par ex: pour signifier le mois محرم mouharrem, ils mettent un م mim, &c.

DES MOIS SOLAIRES

kianouni sani	كانون ثانى	janvier
choubat	شباط	fevrier
mart	مارت	mars
nisan	نيسان	avril
aïar	ايار	may
haziran	حزيران	juin
temouz	تموز	juillet
ab	اب	aoust
eïloul	ايلول	septembre
techerini ewel	تشرين اول	octobre
techerini sani	تشرين ثانى	novembre
kianouni ewel	كانون اول	decembre

DES MOIS LUNAIRES

mouharrem	محرم	م	juillet
sefer	صفر	ص	aoust

RECVEIL

rebioul ewel	ربيع الاول	را	septembre
rebioul aqher	ربيع الاخر	ر	octobre
dgemaziele wel	جمادى اول	جا	novembre
dgemaziel aqher	جمادى الآخر	ج	decembre
redgeb	رجب	ب	janvier
chaban	شعبان	ش	fevrier
ramazan	رمضان	ن	mars
chewal	شوال	ل	avril
zilkadé	ذى القعده	ذا	may
zilhidgé	ذى اخّه	ذ	juin

DE CE QV'ON MANGE

ieiedgek	بيه جك	tout ce qui se mange
etmek	اتمك	pain
sou	صو	l'eau
charab	شراب	le vin
et	ات	la chair
balyk	بالق	le poisson
kaïnamiche et	قبنشات	du bouilli
kébab	كباب	du rôti
et souïi	ات صوى	du bouillon
syghyr dili	صغردلى	une langue de boeuf
syghyr eti	صغراتى	du boeuf
tana eti	طنهاتى	du veau
kojoun eti	قيون اتى	du mouton
kouzi eti	قوزى اتى	de l'agneau
bouzaghy bachi	بوزاغوباشى	une tête de veau

iche-

DES NOMS

ichekembe	اشكمبه	les intestins
koïoun patchiasi	قیون پاچه سی	les pieds de mouton
soudgiouk	سجوق	des saucisses
gueuden	كودن	des boudins
beurek	بورك	un pâté
tatar beureii	تاتار بوركی	des petits patés
sud	سود	du lait
muselles	مثلث	vin aromatique
chekerlame	شكرلمه	des confitures
kïima	قیمه	un hachis
tereiaghy	ترەیاغی	du beurre frais
saïiaghy	صایاغی	du beurre
arpa souii	اربە صوئی	la biere
bombar	بومبار	les andouillettes
bal	بال	du miel
petmez	بتمز	du vin cuit
peinir	بینیر	du fromage
zeitun	زیتون	des olives
salata	سلاطه	de la salade
kaïgana	قیغنه	une omelette
ioumourta	یرطه	des oeufs
rafadan ioumourta	رافدن یرطه	des oeufs à la coque
nohoud	نخود	des poix
koucheni	كشنی	ers
beuiruldge	بوكزولجه	faseole
tourmous	ترمس	lupin

tchieu

tchieurek-oty	چورك اوتی	sesame
menter	ممتر	champignon
enguinar	انكنار	des artichaus
hawoudge	هوج	du servi
lahana	لهنه	des choux
bakla	بقله	des feves
merdgimek	مرجمك	lentille
karnabit	قرنبت	choux fleurs
prase	پراسه	du poireau
chalgham	شلغم	des navets
kerefis	كرفس	du sellery
meadinos	معدنوس	du persil
ioughourt	یوغورت	du lait aigre
troub	ترب	des raves
ispinak	اسپناك	des épinards
pirintche	پرنج	du ris
soghan	صوغان	des oignons
sarimsak	صرمساق	de l'ail
kouche konmaz	قوش قونمز	des asperges
qhiar	خیار	concombre
pandgiar	پانجار	des bete-raves
kabak	قبق	une citrouille

POUR ASSAISONNER LES VIANDES.

terbiïe	تربیه	l'assaisonnement
touz	توز	du sel

DES NOMS

biber	بیبر	du poivre
ïagh	یاغ	de l'huile
sirké	سركه	du vinaigre
korouk	قورق	du verjus
qhardal	خردل	de la moutarde
koury karenfil	قوری قرنفل	des cloux de girofle
dartchin	دارچین	de la canelle
hindiſtan dge- vizi	هندستان جوزی	de la muscade
keberé	كبره	des capres
fyſtyk	فستق	des pignons
defné	دفنه	du laurier
kouche uzumi	قوش اوزمی	du raisin sec

DES OISEAVX

kouche	قوش	un oiseau
kara kouche	قره قوش	l'aigle
huma kouchi	هماقوشی	martinet
baï kouche	بای قوش	chat-huant
kara batak	قره بطاق	caſtagneu
byldurdgin	بولدرجن	une caille
koukou kouchi	قوقوقوشی	coucou
sary kouche	صاری قوش	bruant
toïghar kouchi	تویغارقوشی	une aloüette
ala karga	الاقرغه	un geay
turna	طورنه	une grue

marti	مارتى	alcyon.
kara leïlek	قره ليلك	cicogne noire
leïlek	ليلك	cicogne
doghan	طوغان	un faucon
indgir delen	انجيردلان	bec-figue
ketan kouchi	كتان قوشى	une linote
kara tawouk	قره طاوق	merle
tchiaïlak	جيلق	milan
uïciik	اوكيك	pigeon ramier
anka kouchi	عنقا قوشى	phenix
keklik	ككلك	perdrix
tawouk	طاوق	une poule
pilitche	بلج	un poulet
iblyk	ابلق	chapon
qhoros	حروس	un coq
hind tawoughy	هند طاوغى	un coq d'inde
suïlun	سوكون	un faisan
bokloudgé bulbul	بوقلوجه بلبل	roitelet
ïelw´e kouchi	يلوه قوشى	une becasse
dewé kouchi	دوه قوشى	un autruche
ak baba	اق بابا	un vautour
hakik kouchi	حقيق قوشى	un serin
boïmel kouchi	بويمل قوشى	un gerfau
tchiakyr	جاقر	oiseau de proye
guédgé kouchi	كيجه قوشى	chauve souris
houhou kouchi	هوهو قوشى	huette

ket

DES NOMS

kétchi saghan	كچى صغان	tête-chèvre
ankoud	أنقود	cravant
ïelkowan	يلقوان	cercerelle
anguit	أنكت	foulque
ïeban eurdeïi	يبان اوردكى	canard sauvage
syghyrdgik	صغرجق	etorneau
tchil	چل	francolin
sertché	سرجه	moineau
kouïrouk salan	قويرق صلان	hausse queüe
aghatche kakan	اغاج قاقان	un pic
kouzgoun	قوزغون	corbeau
karga	قرغه	une corneille
saksaghan	صقصغان	une pie
kanaria	قناريا	un canarin
sakakouchi	سقاقوشى	un chardoneret
ispino	اسپينو	un pinson
bulbul	بلبل	rossignol
toutou	طوطى	un perroquet
taous	طاوس	un paon
koumry	قومرى	une tourtetelle
kyrlanguitche	قرلنغج	une hirondelle
kougou	قوغو	un cygne
kaltaban	قلطبان	un vetdon
raqham	رخم	pelican
eurdek	اوردك	canard
ardidge kouchi	اردج قوشى	la grive

kaz

kaz	قاز	une oye
gueuguerdgin	کوکرجن	pigeon
ew gueuguerdgini	اوکوکرجنی	pigeon domestique
ieban gueuguerdgini	یبانکوکرجنی	pigeon sauvage

DES ANIMAVX A QVATRE PIEDS

haïwan	حیوان	animal
arslan	ارسلان	lion
ieban don-ouzy	یبانطوکزی	sanglier
guëïik	کیك	cerf
kaplan	قپلان	leopard
kourd	قورد	un loup
aïu	ایو	un oürs
pars	پارس	un panthere
guerguedan	کرکدان	Rhinoceros
fil	فیل	Elephant
dgeïran	جیران	un daim
dewé	دوه	un chameau
sou syghyri	صوصغری	un bufle
bougha	بوغا	un taureau
katir	قتر	un mulet
at	ات	un cheval
keuheïlan at	کهیلانات	cheval de race
igudiche	ایکدش	cheval chatré
barguir	بارکیر	cheval de charette

do-

dory at	دوریات	cheval bay
surtchék at	سورچكات	cheval, qui bronche
séisqhané	سایسخانه	cheval de charge
iédek at	یدكات	cheval de main
al at	ال ات	cheval alezan
kuré at	كره ات	cheval indompté
tchialyk at	چالق ات	cheval, qui secoue
wachak	وشق	linx
ketchi	كچی	chevre
tilki	تلكی	renard
echék	اشك	âne
tawchan	طوشان	lievre
masti	ماستی	chien de demoiselle
zaghar	زغر	quétant
meïmoun	میمون	un singe
ada tawchani	اطه طوشانی	un lapin
kedi	كدی	un chat
erguedge	اركج	un bouc
dagh ketchisi	طاغ كچیسی	chevreüil
zerdewa	زردوا	marte
inek	اینك	une vache
keustebek	كوستبك	une taupe
sendgiab	سنجاب	hermine
guelindgik	كلنجك	une belette
sitchan	سچان	une souris

RECVEIL DES ANIMAVX REPTILES, INSECTES, ET AMPHIBIES

beudgek	بوجك	animal reptile
ilan	يلان	serpent
saghyr ilan	صاغر يلان	aspic
kahkaha	قهقها	basilic
kara ilan	قره يلان	couleuvre
adgeder	اژدر	dragon
kertenkelé	كرتنكله	lezard
semender	سمندر	salamandre
enguerck ilani	انكرك يلانى	une vipere
sumuklu beudgek	سموكلو بوجك	un limaçon
akreb	عقرب	scorpion
kourbagha	قوربغه	grenoüille
kaploubagha	قپلوبغه	tortuë
karyndgé	قرنجه	fourmi
kondouz	قوندز	castor
sou semmuri	صوسمورى	une loutre
timsah	تمساح	crocodile
bok beudgeïi	بوق يوجكى	chenille
koura kourbagha	قره قوربغه	crapaud
boïnouzlu beudgek	بويتزلو بوجك	escarbot
bit	بت	un poux
piré	پيره	une puce
taqhta biti	تختهبتى	punaise
tchekirgné	چكركه	sauterelle
guvé	كوه	teigne

eurum-

DES NOMS

eurumdgek	اورمجك	araigne
perwane	پروانه	papillon
sinek	سكك	mouche
siwri sinek	سوری سكك	cousin
at sinegui	ات سككی	taon
ari	اری	abeille
ieban arysi	یبان اریسی	bourdon
kodoz beudgegui	قوطوز بوجكی	cantaride
iildyz kourdy	یلدز قوردی	mouche luisante
ipek kourdy	ایپك قوردی	ver-a soie
suluk	سولك	sang sue
soghludgian	صوغلجان	des vers

DES POISSONS

balyk	بالق	poisson
mersin balyghy	مرسین بالغی	un esturgeon
kadirgha balyghy	قادرغه بالغی	baléne
kalkan balyghy	قلقان بالغی	un turbot
souria balyghy	سوریه بالغی	araigne de mer
ionos balyghy	یونس بالغی	dauphin
kaïa balyghy	قیا بالغی	goujon
morina balyghy	مورنه بالغی	thon
tekir balyghy	تكر بالغی	des rougets
keupek balyghy	كوپك بالغی	chien de mer
sardela balyghy	ساردله بالغی	des sardines

at balyghy	ات بالغی	cheval de mer
aïu balyghy	ایو بالغی	bœuf marin
ak kefal	اق کفال	able
kefal	کفال	chabot
dulguer balyghy	دلکر بالغی	dorade
tourna balyghy	طورنا بالغی	brochet
deniz ilan balyghy	دنیز یلان بالغی	murenne
kedi balyghy	کدی بالغی	une raye
iskomri	اسقومری	un harang
sipia balyghy	سپیا بالغی	séche
sazan balyghy	سازان بالغی	une carpe
dil balyghy	دل بالغی	une sole
ilan balyghy	یلان بالغی	anguille
ala balyk	الا بالق	une truite
echek balyghy	اشک بالغی	merlus
kerevit	کروت	des ecrevisses
midia	مدیه	des moules
estridia	استردیه	des huitres

DES ARBRES, ET ARBRISSEAVX.

aghadge	اغاج	arbre
tchiali	چالی	arbrisseau
kaïsi aghadgi	قیسی اغاجی	abricotier
badem aghadgi	بادم اغاجی	amandier

kodgia

DES NOMS

kodgia iemiche aghadgi	قوجه يمش اغاجى	arbousier
kires aghadgi	كراس اغاجى	cerisier
keftane aghadgi	كستانه اغاجى	chataigner
aïwa aghadgi	ايوا اغاجى	coignier
uwes aghadgi	اوس اغاجى	cormier
qhourma aghadgi	خرما اغاجى	palmier
beugurtlen aghadgi	بوكرتلن اغاجى	framboisier
sakyz aghadgi	ساقز اغاجى	lentisque
mourour aghadgi	مرور اغاجى	l'arbre de la myrrhe
mersin aghadgi	مرسين اغاجى	myrte
indgir aghadgi	انجير اغاجى	figuier
enar aghadgi	نار اغاجى	grenadier
limon aghadgi	ليمون اغاجى	limonnier
touroundge aghadgi	تورنج اغاجى	oranger
tout aghadgi	توت اغاجى	meurier
mouchemoula aghadgi	مشمله اغاجى	neflier
foundouk aghadgi	فندق اغاجى	noisetier
dgewiz aghadgi	جوز اغاجى	noïer
zeïtun aghadgi	زيتون اغاجى	olivier
cheftalu aghadgi	شفتالو اغاجى	pêcher
erik aghadgi	ارك اغاجى	prunier
emroud aghadgi	امرود اغاجى	poirier
elma aghadgi	الما اغاجى	pommier
cham aghadgi	شام اغاجى	pin
tcham aghadgi	چام اغاجى	sapin
servi aghadgi	سروا اغاجى	cyprés

miché aghadgi	ميشه اغاجى		chêne
oghlamour aghadgi	اوغلامور اغاجى		tilleul
defné aghadgi	دفنه اغاجى		laurier
aghadge kavouni aghadgi	اغاج قاونى اغاجى		citronnier
unab aghadgi	عناب اغاجى		gingeolier
vichené aghadgi	وشنه اغاجى		griotier
ak diken	اق دكن		bourguépine
cham fistyki aghadgi	شام فستقى اغاجى		pistache
miian keuki	ميان كوكى		reglisse
kyzyl aghadge	قزل اغاج		aulne
kaïn aghadgi	قين اغاجى		bouleau
servi azad	سرو ازاد		cedre
gulguen aghadgi	كولكن اغاجى		charme
kyzyldgik aghadgi	قزلجق اغاجى		cornoüillier
ilghun aghadgi	العون اغاجى		tamaris
biberié	بيبريه		rômarin
gul aghadgi	كل اغاجى		rosier
sarche aghadgi	صاچ اغاجى		savinier
bouhour aghadgi	بحور اغاجى		storax
murver aghadgi	مرور اغاجى		sureau
kyna aghadgi	قنا اغاجى		trione
euksé aghadgi	اوكسه اغاجى		gui
tyrmentin aghadgi	طرمنتين اغاجى		terebinthe
saz	ساز		ozier
dewim	دوم		alisier
diche boudak aghadgi	ديش بوداق اغاجى		frêne

DES NOMS

ak gulguen aghadgi	اق کولکن اغاجی	fau
borsuk	بورسق	if
mantar aghadgi	منتراغاجی	liege
kara aghadge	قره اغاج	orme
tchira aghadgi	چرا اغاجی	pinasse
kawak aghadgi	قواق اغاجی	peuplier
tchinar aghadgi	چنار اغاجی	plane
hamama	حماما	amome
belesan	بلسان	baume
seugut aghadgı	سوکت اغاجی	saule
pernar aghadgi	پرنار اغاجی	teuse
adgi badem aghadgi	اجی بادم اغاجی	amandier amer
tchimchir aghadgi	چمشیر اغاجی	bouis
dartchin aghadgi	دارچین اغاجی	canelle
kaboudgiak	قبوجق	carrougier
keberé aghadgi	کبره اغاجی	caprier
merdgian aghadgi	مرجان اغاجی	coral
gunluk aghadgi	کونلك اغاجی	l'arbre de l'encens
ieban erik	یبان ارك	prunellier
qhachyl	خشل	bdellion
ieban asma	یبان اصمه	lambruche
dikik	دکك	vigne

DES FRUITS

iemiche	یمش	fruit
kaïsi	قیسی	abricot
badem	بادم	amandes
kodgia iemiche	قوجه یمش	arbouse

kires	كراس	cerise
vichené	وشنه	griottes
kestané	كستانه	chataigne
aïwa	ایوا	des coins
uwes	اوس	des cormes
qhourma	خرما	dattes
indgir	انجير	figue
enar	انار	grenade
limon	ليمون	limon
touroundge	تورنج	orange
aghatche kawouni	اغاج قاونى	citron
tout	توت	des meures
mouchemoula	مشمله	nefle
foundouk	فندق	noisette
dgeviz	جوز	noix
cheftalu	شفتالو	peche
erik	ارك	prunes
elma	الما	pomme
beugurtlen iemichi	بوكرتلن يمشى	framboise
kyzyldgik	قزلجق	cornoüille
kawoun	قاون	melon
karpouz	قارپوز	melon d'eau
emroud	امرود	poire
ouzum	اوزم	raisin

DES FLEVRS

tchitchek	چچك	fleur

DES NOMS

gul	كل	rose
qhacheqhache	خشخاش	pavot
zanbak	زنبق	lys
karinfil	قرنفل	des œillets
iasemin	ياسمين	jasmin
dugun tchitchégui	دوكن چچكى	renoncule
lalé	لاله	tulipe
benefché	بنفشه	violette
numan	نعمان	anemone
zerin kadeh	زرين قدح	narcisse
gun tchitchégui	كون چچكى	du souci
sakaïk tchitchégui	شقايق چچكى	la peonie
katifé tchitchégui	قطيفه چچكى	amarante
sunbul	سنبل	hyacinthe
papadia tchitchégui	پاپاديه چچكى	fleur de camomille
hemiché behar	هميشه بهار	œil de boeuf
aï gun tchitchégui	اى كون چچكى	tournesol

DES HERBES

ot	اوت	herbe
merdgian gueuche	مرجان كوش	marjolaine
pelin	پلين	absinthe
anison	انيسون	anis
douragh oty	دوراغ اوتى	aneth
koïoun oty	قوين اوى	l'auronne
kendané	كندانه	porée rouge

lisani sewre	لسان ثور	bourrache
ieban lisani sewre	يان لسان ثور	buglosse
hindiba	هنديا	chicorée blanche
fesliguèn	فسلكن	basilic
kicheniche	كشنش	coriandre
teré	تره	du cresson
rezéné	رزنه	fenouïl
adgi maroul	اجي مارول	laïtue amere
darou	دارو	du millet
arnaoud darousi	ارناود داروسى	du panis
sedef	صدف	la rüe
ipar	اپار	hysope de jardin
aïu pantchiasi	ايوپانچهسى	oseille
eguer oti	اكراوتى	acore
helleluïe	هلللويه	alleluïa
toul awret oti	طول عورت اوتى	glateron
kesteré	كستره	betoine
chewkati moubarek	شوكت مبارك	chardon benit
kantawerion saghir	كنتاوريون صغير	la petite centaurée
kantawerion kebir	كنتاوريون كبير	la grande centaurée
papadia	پاپاديه	camomille
chakaïk	شقايق	la peone
qharbaky siïah	خربق سياه	ellebore noire
qharbaky sypid	خربق سپيد	ellebore blanc
oghoul oty	اوغلى اوتى	melisse
toutun	توتن	tabac

cora

DES NOMS 91

scortchina	اسقورچنه	scorsonere
kirlanghitche oti	قرلنغج اوتى	chelidoine
tchiaï	چای	du thé
ziravendi mudewer	زراوندمدور	aristolochie ronde
ziravenditavil	زراوندطویل	aristolochie longue
misk oti	مسك اوتى	armoise
asaron	اسارون	du cabaret
kedi oti	كدى اوتى	l'herbe aux chats
teré oti	تره اوتى	cartame
ier somouni	يرصمونى	pain de porc
semiz kabak	سمزقبق	couleuvrée
baldyran	بالدران	cigue
baldyri kara	بالدرى قره	capillaire
keupek dili	كوپك دلى	dent de chien
kara tchieurek oti	قره چورك اوتى	poivrette
kylydge oti	قلج اوتى	herbe à st. jean
peliskoun	پلسقون	du pouillet
haïoul alem	حى العالم	joubarbe
kekik	ككك	thym
arslan pantchiasi	ارسلان پانجه سى	pas d'âne
itrifil	اترفل	trefle
syghyr kouïroughi	صغرقويرغى	bouillon
kinion	كمنون	cumin
altun oti	التون اوتى	ceterac
biberie oti	ببريه اوتى	du rômarin
kachyk oti	قاشق اوتى	herbe aux cueillieres
		nané

nané	نانه	de la menthe
sinirlu ot	سكرلواوت	plantain
zufa oti	زوفااوتى	hysope
chahteré	شاهتره	fume-terre
kouzou koulaghy	قوزى قولاغى	de l'oseille
qhatemi iapraghy	ختمى يپراغى	altée
ebé gueumedgi	ابه كومجى	la mauve
iapichekan	ياپشقان	la pariétaire
ieban fesliguen	يبان فسلكن	la mercuriale
dikenlu ot	ديكنلواوت	chardon
guirit oti	كريت اوتى	dictamne
farfioun	فرفيون	euphorbe
sighyr gueuzi	صغركوزى	œil de bœuf
piré oti	پيره اوتى	herbe aux puces
ieban murveri	يبان مرورى	hieble
dewé tabani	دوه طبانى	orvale
seikeran	سيكران	jusquiame
sudludge	سودلوجه	herbe au lait
ieban nanesi	يبان نانه سى	menthe sauvage
hezardané	هزاردانه	mille-feuilles
zatyr	زاتر	origan
pentafilioun	پنتافليون	quinte feuille
marol	مارول	laitue
frenk salata	فرنك سلاطه	cerfeuil

DES NOMS
DES DEGRÉS DE PARENTÉ

qhysimlyk	خصملق	parenté
baba	بابا	pere
ana	انا	mere
oghoul	اوغل	fils
kyz	قز	fille
kardache	قرداش	frere
kyz kardache	قزقرداش	sœur
oulou kardache	اولوقرداش	le frere ainé
koutchiuk bourader	كوچك برادر	le frere cadet
ouguéï kardache	اوكي قرداش	frere uterin
aqhyret kardache	اخرت قرداش	frere adoptif
kardache oghullari	قرداش اوغللري	cousins
amoudgia	عموجه	oncle paternel
daïi	دايي	oncle maternel
hala	خاله	tante paternelle
teïézé	تیزه	tante maternelle
dedé	دده	ayeul
dedenun dedesi	ددهنك ددهسي	bis-ayeul
dedenun buiuk-anasi	ددهنك بيوك اناسي	bis-ayeule
touroun	طورن	neveu
kaïn ata	قاين اتا	beau-pere
kaïn ana	قاين انا	belle mere
gouïégou	كويكو	gendre
guelin	كلن	belle fille
enicheté	انشته	beau-frere

kaïn	قاين	le frere de la femme
baldyz	بالدز	la sœur de la femme
gueurumdge	كورمجه	la sœur du mari
elti	ايلتى	la femme du frere du mari

POVR ECRIRE &c

kutubqhane	كتبخانه	lieu propre aux études
kitab	كتاب	livre
kiaghid	كاغد	du papier
kalem	قلم	plume
divit	دويت	ecritoire
murekeb	مركب	l'ancre
kalem trache	قلمتراش	canif
rygh	ريك	poudre
ryghdan	ريكدان	poudrier
meuhur	مهر	le cachet
peche taqhta	پیشتخته	le pupitre
frengui moum	فرنكى موم	la cire d'Espagne

DV FEV, ET DE CE QVI SERT A L'ALLVMER, A LE CONSERVER &c

atéche	اتش	feu
odgiak	اوجاق	cheminée
fouroun	فرون	un four

atéche

DES NOMS

atéche keüzi	اتش كوزى	la braise
moum	موم	chandelle
iel moumi	يل مومى	flambeau
fener	فنر	lanterne
kandil	قنديل	lampe
bal moumi	بال مومى	cierge
keuski	كوسكى	tison
atéchedan	اتشدان	petit foïer
bouqkourdan	بخوردان	encensoir
alew	علو	la flamme
kyghildgim	قغلجم	étincelle
kul	كل	la cendre
toutun	توتن	la fumée
kouroum	قوروم	de la suïe
tchakmak tachi	چقمق طاشى	pierre à fusil
kaw	قاو	amadou
barout	باروت	la poudre
kibrit	كبريت	des alumettes
fitil	فتيل	la méche
odoun	اوطون	du bois
keumur	كومر	du charbon
iagh	ياغ	del'huile
raky	راقى	de l'eau de vie
kiáfiri	كافرى	du camphre
neft	نفت	naphte
itcheiaghy	ايچ ياغى	dela graisse

don

96   RECVEIL

don-iaghy	طوك‍ياغي	du suif
zift	زفت	de la poix.

DES CHOSES, DONT SE SERVENT LES CAVALIERS.

chiche	شيش	l'epée
kylydge	قلج	le sabre
topouz	طوپز	une massue
hemaïl	حمايل	un baudrier
tabandgia	طبنجه	des pistolets
tufenk	توفنك	un fusil
eïer	اير	une selle
zilpoche	زليپوش	une housse
guem	كم	le frein
dizguin	دزكين	la bride
at	ات	un cheval

DES HABITS etc.

espap	اسپاپ	habit
kalpak	قلپق	bonnet
kellepoche	كله‌پوش	une calotte
zyboun	زبون	chemisette
gueumlek	كوملك	chemise
makrama	مقرمه	mouchoir
eldiven	الدوان	des gands

kou-

DES NOMS

kouchak	قوشاق	une ceinture
dgevreb	جورب	des bas
papoutche	پاپوچ	des souliers
kondoura	قوندره	des pantoufles
dgib	جیب	la poche
tchizmé	چزمه	des botes
guedgélik	كیجەلك	robbe de chambre
cherit	شریت	ruban
dugmé	دوكمه	des boutons
ilik	ایلك	boutonniere
terlik	ترلیك	des chauſſons
don	طون	des calçons
entari	انتاری	une veſte
kereké	كركه	un manteau d'été
kontoche	قونطوش	manteau
iaghmourlyk	یغمورلق	un manteau contre la pluye
feradgé	فراجه	manteau de femme
dizlik	دزلك	culotes de toile pliſſées
tchiakchir	چقشیر	haut de chauſſe
chalvar	شلوار	culotes de drap pliſſees

DES PARTIES DV CORPS

wudgiud	وجود	le corps
bache	باش	la tête
bache tepesi	باش تپه سی	le sommet de la tête

bache tchianaghy	باش چناغی	le crane
aln	الن	le front
iuz	یوز	le visage
gueuz	کوز	les yeux
kache	قاش	le sourcil
tchengné bachi	چکه باشی	les temples
kirpik	کرپك	la paupiere
gueuz-bebegui	کوزببکی	la prunelle de l'œil
koulakler	قولقلر	les oreilles
ïanakler	یكاقلر	les joues
satche	صاپچ	cheveux
bouroun	بورن	le nez
byiik	بیق	la moustache
sakal	صقال	la barbe
aghz	اغز	la bouche
diche	دیش	une dent
dil	دل	la langue
dimagh	دماغ	le palais
doudak	دوداق	les levres
tchengné	چکه	le menton
boioun	بویون	le col
boghaz	بوغز	le gozier
omouz	اوموز	les épaules
gueugus	کوکس	la poitrine
dirsek	دیرسك	les coudes
kol	قول	le bras

DES NOMS

el	ال	la main
barmak	برمق	le doigt
tyrnak	طرنق	les ongles
karyn	قارن	le ventre
midé	معده	l'estomac
ïan	يان	les cotes
guembek	كوبك	le nombril
diz	دز	les genoux
baldyr	بالدر	le gras de la jambe
aïak	ايق	les pieds
topouk	طوپق	la cheville du pied
beïin	بين	le cerveau
kan	قان	le sang
damar	طمر	la veine
chah damar	شاه طمر	l'artere
sinir	سكر	le nerf
sinirli et	سكرلىات	un muscle
ïurek	يورك	le cœur
dgiguer	جكر	le foïe
ak dgiguer	اق جكر	le poulmon
dalak	طلق	la ratte
bel	بل	les reins
baghyrsak	بغرساق	les boyaux
gueïrek	كيرك	cartilage
iufka deridgik	يوفقه درجك	la membrane
		deri

RECVEIL

deri   دری   la peau

DES IMPERFECTIONS DV CORPS.

keur	کور	aveugle
bir gueuzlu	برکوزلی	borgne
kanbour	قنبور	boſſu
topal	طوپال	boiteux
chachi gueuzlu	شاشی کوزلی	louche
tchiolak	چولاق	manchot
saghir	صاغر	sourd
dilsiz	دلسز	muet
peltek	پلتك	begue
tas bachelu	طاس باشلو	chauve
dgiudge	جوجه	nain
bodur	بودر	trapu

DES MALADIES

qhaſtalyk	خستهلك	maladie
humma	حما	la fievre
hereret	حرارت	fievre chaude
sitma	ستمه	le frison
hummaï dgem	حمای جم	fievre continue
hummaï muhrika	حمای محرقه	fievre maligne
hummaï musellese	حمای مثلثه	fievre tierce
		hummaï

DES NOMS

hummaï mourebbi	حماى مربع	fievre quarte
ioumroudgiak	يومروجق	la peste
sandgi	صانجى	la colique
damla	طمله	l'apoplexie
sarylyk	صاريلق	la jaunisse
nikriz	نقرز	la goutte
tek nefeslyk	طق نفسلق	l'asthme
kyzamouk	قزامق	la rougeole
midé bozuklighy	معده بوزقلغى	mal d'estomac
akylé	اكله	le cancer
iurek aghrisi	يورك اغريسى	la cardialgie
maddé	مادده	une fistule
bache aghrisi	باش اغريسى	douleur de téte
zukiam	زكام	rhûme
ishal	اسهال	diarrhée
itche aghrisi	ايچ اغريسى	dissenterie
tchitchek	چچك	la petite verole
toutaryk	طوتارق	l'epilepsie
lahmi zaïd	لحم زايد	polipe
frenk zahmeti	فرنك زحمتى	maladie venerienne
bel soghouklughy	بل صغوقلغى	la gonorrhée
maïesyl	مايه سيل	les hemorroides
sidik zory	سدق زورى	la disurie
hummaï dik	حماى ديق	la fievre etique
temregui	تمركى	la gratelle
diche aghrisi	ديش اغريسى	mal de dents

gueuz

RECVEIL

gueuz aghrisi	كوزاغريسى	mal de yeux
werem	ورم	phtisie
tawouk gucuti	طاوق كوتى	un poireau
dolma boghaz	دولمه بوغز	esquinancie
ianik	يانق	brulure
iurek baïilmasi	يورك بايلمسى	syncope
nazilé	نازله	fluxion
iurek ditrémesi	يورك دترمسى	palpitation du cœur
iftiska	استسقا	hidropisie
kara sewda	قره سودا	melancolie

DES PARTIES DE LA MAISON.

ew	او	la maison
kapou	قپو	la porte
nerdiban	نردبان	l'escalier
oda	اوطه	la chambre
sofa	صوفه	la salle
pendgéré	پنجره	la fenêtre
dgiam	جام	les vitres
metbaqh	مطبخ	la cuisine
sarnitche	صارنيج	la citerne
kouïou	قيو	le puits
tchechemé	چشمه	la fontaine
baghtché	باغچه	le jardin
charab qhané	شرابخانه	la cave au vin

DES NOMS

awli	اولى	la cour
kiler	كيلر	la credance
raf	راف	la corniche
kiremid	كرمد	le toit
tawan	طوان	le plancher
diwar	ديوار	la muraille
odgiak	اوجاق	la cheminée
direkler	دركلر	les poutres
dihliz	دهليز	portique
harem	حرم	l'apartement interieur des femmes
selamlyk	سلاملق	la chambre ou l'on reçoit les etrangers
dolab	دولاب	armoire
kitabqhané	كتابخانه	biblioteque
mahzen	مخزن	une cave
aqhour	اخور	l'ecurie

DES VTENSILES

ewalati	اوالاتى	les utensiles
kaly	قالى	le tapis
aïina	اينه	le miroir
deuchek	دوشك	le lit
bache iasdughy	باش ياصدغى	le chevet
iorghan	يورغان	la couverture

sof-

sofra	صوفره	la table
iskemli	اسكملی	la chaise
sanduk	صندوق	le coffre
faghfouri tabak	فغفوری طبق	la porcelaine
keuruk	كورك	le soufflet
ateche keuregui	اتش كوركی	la pelle
macha	مشه	les pincettes
kebab chichi	كباب شیشی	la broche
kazan	قزان	le chaudron
tawa	طاوه	la poële
satche aïak	صاچ اياق	le trepié
eskara	اسقره	le gril
tchieulmek	چولمك	le pot
kachyk	قاشق	la cuilliere
tchatal	چتال	la fourchette
keptché	كپچه	l'ecumoire
rendé	رنده	la ratissoire
hawan	هوان	le mortier
desti	دستی	la cruche
anaqhtar	اناختار	la clef
kilid	كليد	la serrure
mandal	ماندال	le loquet
tchialar saat	چلارساعت	une horloge
kerevet	قروت	lit de repos
sirké kabi	سركه قابی	vinaigrier
ïgné	اكنه	aiguille

DES NOMS

toplouk	طوپلق	epingle
ibrik	ابریق	aiguiere
balté	بالته	coignée
bel	بل	beche
zenbil	زنبیل	panier
perdé	پرده	rideau
gugum	کوکم	un poêlon
bitchiak	بچاق	couteau
kadeh	قدح	un verre
bardak	برداق	un pot à l'eau
tabak	طبق	une assiette
tchianak	چناق	une tasse
foutchi	فوچی	un tonneau
makras	مقراص	des ciseaux
odgiak iachemaghy	اوجاق یاشمغی	rideau de cheminée
ip	اپ	une corde
sidgim	سجم	une petite corde
kazma	قازمه	un hoyau
kourna	قورنه	un bassin
zar	زار	la tapisserie
chamedan	شمعدان	chandelier
diz pichekiri	دزپیشکری	une serviette
moum makrasi	موم مقراصی	des mouchettes
sini bezi	سنی بزی	la nappe
touz kabi	توز قابی	une saliere
chiché	شیشه	une bouteille

feses

keser	كسر	un martelet
tchékitche	چكج	un marteau

DE CE QU'ON VOIT DANS LES VILLES

chéhir	شهر	ville
keupri	كوپری	un pont
sokak	سوقاق	la rüe
deurt iolaghizi	دورت يول اغزی	un carrefour
saraï	سرای	un palais
dgiami	جامع	une mosquée
tchiarchu	چارشو	le marché
at meidani	أت ميدانی	l'hippodrome
at bazari	أت بازاری	le marché aux chevaux.
gueumruk	كمرك	la doüane
zindan	زندان	la prison
dukian	دكان	boutique
medresé	مدرسه	une academie
hamam	حمام	un bain
tersana	ترسانه	l'arcenal
menzil qhané	منزل خانه	la poste
balyk qhané	بالق خانه	lieu, ou on vend le poisson.
sal qhané	صالخانه	la boucherie
bimar qhané	بیمارخانه	un hopital

DES NOMS
DE LA TERRE.

kara	قره	le continent
ada	اطه	une isle
nimdgeziré	نيم جزيره	une peninsule
boghaz	بوغز	un isthme
dagh bourni	طاغ بورنى	promontoire
dagh	طاغ	une montagne
deré	دره	un vallon
baïr	باير	une colline
owa	اوه	une vallée
kyr	قر	une plaine
orman	اورمان	une forêt
tchieulluk	چوللق	un desert
tchiaïr	چاير	un pré
korfez	كورفز	un golfe

DES EAUX

sou	صو	l'eau
deniz	دكز	la mer
diche deniz	دش دكز	l'ocean
ak deniz	اق دكز	la mer mediterranée
kara deniz	قره دكز	la mer noir
souveis denizi	سويس دكزى	la mer rouge
bahre qhazez	بحرجزز	la mer caspienne

ven

venedik boghazi	ونديك بوغازى	la mer adriatique
deniz boghazi	دكزبوغازى	le bosphore
gueul	كول	un lac
tchaï	چای	une riviere
irmadgik	ارمجق	un ruisseau
irmak	ارمق	un fleuve
seïl	سيل	un torrent
tchechemesouïi	چشمه صوىی	eau de fontaine
kouïou souïi	قيوصوىی	eau de puits
iaghmour souïi	يغمورصوىی	eau de pluïe.

DE METAVX ET DES MINERAVX.

meaden	معدن	metal
altun	التون	l'or
gumuche	كومش	l'argent
bakyr	بقر	du cuivre
toutche	توج	le bronze
pirintche	پرج	l'airain
kourchoum	قورشن	le plomb
kalaï	قلای	l'etain
demour	دمور	le fer
dgiva	جوا	le vif argent
kukurd	كوكرد	le soufre
suluguen	سولكن	le vermillon
rastyk tachi	راستق طاشی	l'antimoine

DES NOMS

sitchian oti	سچان اوتی	l'arsenic
murdesenk	مردسنك	le lithargire.

DES COULEURS

rengue	رنگ	couleur
beïaz	بیاض	blanc
siiah	سیاه	noir
kyrmizi	قرمزی	rouge
ïechil	یشل	verd
sary	صاری	jaune
mawi	ماوی	bleu
sud mawisi	سودماویسی	du bleu celeste
ladgiwerdi	لاجوردی	couleur d'eau
menewiche	منوش	couleur de pourpre
dewe tuïi	دوه توپی	gris
gulguly	گلگلی	couleur de rose
al	ال	nacarat
kibriti	کبریتی	couleur de soufre
achy boïasi	اشی بویاسی	couleur de brique
aladgia	الاجه	grièche
zafrani	زعفرانی	couleur de safran
kyzyl tchioubouk rengui	قزل چبوق رنگی	fauve
baderengui	باده رنگی	rouge éclatant
sindgiabi	سنجابی	gris cendré
tchémeni	چمنی	verd d'herbe gueuk

gueuk al	کوک ال	verd de mer
ateche rengui	اتش رنکی	couleur de feu
ynnabi	عنابی	isabelle
touroundgi	تورنجی	orangé
zeituni	زیتونی	couleur d'olive
mor	مور	violet
fyſtiky	فستقی	couleur de verre

DES METIERS

zenaat	صنعت	metier
basmadgi	بصمه جی	imprimeur
tabib	طبیب	medecin
dgerrah	جراح	chirurgien
meadgiundgi	معجونجی	apoticaire
berber	بربر	barbier
etmektchi	اتمکچی	boulanger
beurektchi	بورکچی	patiſſier
kebabtchi	کبابجی	rotiſſeur
kasab	قصاب	boucher
miqhanedgi	میخانه جی	cabaretier
derzi	درزی	tailleur
paputchetchi	پاپوچچی	cordonnier
saradge	سراج	sellier
taswirdgi	تصویرجی	peintre
iazidgi	یازجی	écrivain

nak

DES NOMS

nakkache	نقاش	brodeur
mi-mar	معمار	architecte
foutchidgi	فوچيجى	tonnelier
atar	عطار	épicier
ghazghandgi	غزغانجى	chaudronnier
saattchi	ساعتى	horloger
dgiamdgi	جامجى	vitrier
kouïoumdgi	قويمجى	orfevre
semerdgi	سمرجى	faiseur de bâts
saraf	صراف	changeur de monoye ou banquier
sirkedgi	سركه جى	marchand de vinaigre
ignedgi	اكنه جى	marchand d'aiguille
saka	سقا	porteur d'eau
tchiftchi	چفتجى	laboureur
boudaïdgi	بوداى جى	qui cultive les arbres
sanduktchi	صندوقچى	vendeur de coffre
iuzuktchi	يوزكجى	marchand d'anneaux
dibadgi	ديباجى	marchand de drap d'or
nealband	نعلبند	maréchal
kadifedgi	قطيفه جى	marchand de velour
kouchebaz	قوشباز	oiselier
arabadgi	عربه جى	cocher
sehhaf	صحاف	libraire
kalemkiar	قلمكار	graveur
moumdgi	مومجى	marchand de chandelle cha-

chamedandgi	شمعدانجی	marchand de chandeliers
keumurdgi	كومرجی	charbonnier
halladge	حلاج	cardeur de laine
dulguer	دولكر	charpentier
doghramadgi	طوغراجی	menuisier
soghandgi	سوغاجی	marchand d'oignons
eskidgi	اسكيجی	savetier
balyktchi	بالقجی	vendeur de poissons
tanbouredgi	طنبورهجی	marchand de harpes
tabak	طباق	conroïeur
sywadgi	صواجی	qui couvre, & planche d'aix les parois
bitchaktchi	بچاقجی	marchand de couteaux
laghymdgi	لغمجی	pionnier
helvadgi	حلواجی	qui fait, & vend des friandises
kourchoundgi	قورشونجی	marchand de plomb
oundgi	اونجی	marchand de farine
duduktchi	دودكی	marchand de flutes
otluk bitchidgi	اوتلق بيجی	faucher
deukudgi	دوكی	fondeur
dgewahirdgi	جواهرجی	marchand de pierres pretieuses
tchizmedgi	جزمهجی	faiseur des bottes

tchi-

DES NOMS

tchirichetchi	چرشچی	colleur
kiretchetchi	کرچچی	chaufournier
qhaffaf	خفاف	marchand de souliers
gueumlektchi	کوملکچی	faiseur, ou vendeur de chemises
bozmadgi	بوزماجی	frippier
sudtchi	سودچی	marchand de lait
tachetchi	طاشچی	quarrier
kiremidtchi	کرمدچی	faiseur de tuiles
fenerdgi	فنرچی	marchand de lanternes
ketandgi	کتانچی	marchand de lin
aftardgi	استارچی	lingier
bez dokouïdgi	بزطوقچی	tisseran de toile
katyrdgi	قترچی	mulletier
chekerdgi	شکرچی	confiturier
iaghdgi	یاغچی	marchand d'huile
kurktchi	کورکچی	pelletier
kalpaktchi	قلپقچی	marchand de bonnets
matrabaz	مطرباز	revendeur
touztchi	توزچی	marchand de sel
saboundgi	صابونچی	marchand de sabon
kilidtchi	کلیدچی	serrurier
boïadgi	بویاچی	teinturier

RECUEIL
DES PAYS, ROYAUMES, ISLES, VILLES, FLEUVES &c.

mecherik wilaïetleri	مشرق ولايتلری	l'Asie
roumili	روم ايلی	l'Europe
efrika	افريقا	l'Afrique
ieni dunia	يكی دنيا	l'Amerique
osmanly wilaïeti	عثمانلی ولايتی	la Turquie
nemtche wilaïeti	نمچه ولايتی	l'Allemagne
frantcia wilaïeti	فرانچه ولايتی	la France
adgemistan	عجمستان	la Perse
gourdgistan	کورجستان	la Georgie
ingliz wilaïeti	انكلز ولايتی	l'Angleterre
ispania	اسپانيا	l'Espagne
portouguez wilaïeti	پورتكز ولايتی	Portugal
filemenk wilaïeti	فلمنك ولايتی	la Hollande
leh wilaïeti	له ولايتی	la Pologne
madgiar wilaïeti	مجار ولايتی	la Hongrie
iflak	افلاق	la Valachie
boghdan	بغدان	la Moldavie
italiia	اتاليا	l'Italie
habeche	حبش	l'Ethiopie
mysyr	مصر	l'Egipte
maghryb	مغرب	la Mauritanie
arnaoudlyk	ارناودلق	l'Albanie
dgezair	جزاير	Alger
anadoly	اناطولی	la Natolie

Are-

arebistan	عربستان	l'Arabie
ïemen	يمن	l'Arabie heureuse
arebistan tcheuli	عربستان چولی	l'Arabie deserte
Hidgiaz	حجاز	l'Arabie petrée
ermeniëi koubra	ارمنيه كبرى	la grande Armenie
ermeniëi soughra	ارمنيه صغرى	la petite Armenie
kurdistan	كوردستان	l'Assirie
Betche eulkesi	بچاولكه سى	l'Austriche
Yrak areb	عراق عرب	la Caldée
biladul berber	بلاد البربر	la Barbarie
Hindistan	هندستان	les Indes
tchéh vilaïeti	چه ولايتى	la Boheme
Bosna	بوسنه	la Bosnie
Boulgar memleketi	بولغار مملكتى	la Bulgarie
Karaman	قرمان	la Caramanie
Karasi	قره سى	la Carasie
Tchinimatchin	چين ماچين	la Chine
Kyrym adasi	قريم اطه سى	la Crimée
qhyrvat memleketi	خروات مملكتى	la Croacie
Isuetche vilaïeti	اسوچ ولايتى	la Suede
Danemarka memleketi	دانه مارقه مملكتى	Dannemark
venedik memleketi	ونديك مملكتى	la Republique de venise
Dobravendik	دوبره ونيك	Raguse
Fas	فاس	Fez
Guilan	كيلان	Guilan

Endelous	اندلس	l'Andalousie
Taberistan	طبرستان	la Hircanie
Esloubin vilaïeti	اسلوبين ولايتي	l'Illirie
Loubé vilaïeti	لوبه ولايتي	la Lybie
Filibé vilaïeti	فلبه ولايتي	la Macedoine
Diarbekir	ديار بكر	la Mesopotamie
Mora	موره	la Morée
Moscow	مسقو	la Moscovie
Darah	درعه	la Numidie
Rous memleketi	روس مملكتي	la Russie
Tatar vilaïeti	تاتار ولايتي	la Tartarie
Syrb vilaïeti	صرب ولايتي	la Servie
Cham vilaïeti	شام ولايتي	la Syrie
Erdel vilaïeti	اردل ولايتي	la Transylvanie
Kazak vilaïeti	قزاق ولايتي	l'Ycranie
Kandia	قنديا	Candie
Keurfo	كورفو	Corfoüe
Guirid	كريد	la Crete
Kybrys	قبرس	Chypre
Eighri boz	اكري بوز	Negrepont
Salanik	سلانيك	Thessalonie
Ghadis adasi	غادس اطه سي	Gadis
Midilli adasi	مدلي اطه سي	Mytylene
Nakcha adasi	ناقشه اطه سي	Naxie
Barré adasi	بارره اطه سي	Paros
Rodos	ردوس	Rhodes

DES NOMS

boztcha ada	بوزجه اطه	Tenedos
eftendil	استندیل	Tine
chiré adasi	شیره اطه سی	Sira
sakyz adasi	ساقز اطه سی	Scio
Iftanbol	استانبول	Constantinople
Betche	بیج	Vienne
Paris	پارس	Paris
Stokholm	اسطوق حولم	Stokolm
Edrené	ادرنه	Andrinople
El kàhiré	القاهره	Memphis
Iskenderié	اسکندریه	Alexandrie
Iskenderun	اسکندرون	Alexandrette
Ankarié	انقریه	Ancyre
Entakié	انطاکیه	Antioche
Akké	عکه	Ascalon
Baghdad	بغداد	Babylone
Basra	بصره	Basra
Bengalé	بنکاله	Bengala
Bedoun	بدون	Bude
Krakow	قراقو	Cracovie
kazi keuï	قاضی کویی	Calcedoine
Kourtoubé	قرطبه	Cordoüe
Cham cherif	شام شریف	Damas
Dimiat	دمیاط	Damiete
Aïazlyk	ایازلق	Ephese
Gueliboli	کلیبولی	Gallipolie
Dgeneviz vilaïeti	جنویز ولایتی	Genes

haleb	حلب	Alep
koudsi cherif	قدس شريف	Ierusalem
menekché	منكشه	Malvoisie
mekeïi mukeremé	مكة مكرمه	la meque
medinéi munewere	مدينه منوره	Medine
nasyré	ناصره	Nazareth
iznik	ازنيك	Nicée
izmid	ازميد	Nicomedie
trabizoun	طرابزون	Trabisonde
brousa	بروسه	Prusse
rodosdgik	رودسجق	Rodosto
kyzyl alma	قزل الما	Rome
ereïli	اركلى	Heraclée
seïda	صيده	Seide
isfahan	اصفهان	Ispahan
temichevar	طمشوار	Temizvar
Malta adasi	مالطه اطه سى	malte
tounis	تونس	Tunis
tarabulous	طرابلوس	Tripoli
eski iftanbol	اسكى استانبول	Troye
waradin	وارادين	varadin
rewan	روان	Erivan
balkanler	بلقانلو	les Alpes
kaïserié	قيصريه	Cesarée
amawus daghi	اماوس طاغى	Emaus
lubnan daghi	لبنان طاغى	Mont liban

DES NOMS

dgebeli tabour	جبل طابور	le mont Tabor
kechiche daghi	كشيش طاغى	le mont Olympe
aghyri daghi	اغرى طاغى	le mont Aarat
boghaz hisar	بوغاز حصار	les Dardanelles
tour daghi	طور طاغى	le mont Sinaï
dgebeli sina	جبل سينا	le mont Sion
balkan daghleri	بلقان طاغلرى	les montagnes de Bulgarie
alaman daghleri	الامان طاغلرى	les montagnes d'Allemagne
euzi souii	اوزى صويى	Borysthenes
touna	طونه	le Danube
furat	فرات	Euphrate
erden	اردن	le Jourdain
nil	نيل	le Nil

DES NATIONS

millet	ملت	Nation
osmanly	عثمانلى	Ottoman
nemtché	نمچه	Allemand
frantché	فرانچه	François
turkmen	تركمن	Turc
adgem	عجم	Persan
isuetche	اسويج	Suedois
gourdgi	كورجى	Georgien

ingliz	انكلز	Anglois
ispaniòl	اسمانيول	Espagnol
portouguez	پورتغز	Portugais
filemenk	فلمنك	Hollandois
leh	له	Polonois
madgiar	مجار	Hongrois
latin	لاتن	Italien
habechi	حبشى	Ethiopien
mysyrli	مصرلى	Egiptien
maghribli	مغربلى	Maure
dgezaïrli	جزايرلى	Algerien
arab	عرب	Arabe
ermeni	ارمنى	Armenien
ouroum	اورم	Grec
ïahoud	يهود	Iuif
hindi	هندى	Indien
tchehli	چهلى	Bohemien
bosnali	بوسنهلى	de Bosna
boulghar	بولغار	de Bulgarie
tchinumatchinli	چين ماچينلى	chinois
kyrymli	قريملى	de crimée
entakiïeli	انطاكيهلى	Antiochien
bedounli	بدونلى	de Bude
tcherkes	چركس	Circassien
kybti	قبطى	Cophte
kybrysli	قبرسلى	Cyprien

dimi.

DES NOMS

dimicheki	دمشقی	de Damas
chyrvanli	شروانلی	Mede
moscowli	مسقولی	Moscovite
venedikli	وندكلی	Venitien
dobravenikli	دوبرهونکلی	Ragusien
filibéli	فلیبهلی	Macedoine
diarbekirli	دیاربکرلی	de Mesopotamie
moreli	مورهلی	de la Morée
darali	درعلی	Numidien
rous	روس	Ruffien
tatar	تاتار	Tartare
chamli	شاملی	Syrien
keurfozli	کورفوزلی	de Corfou
kandiali	قندیهلی	de Candie
chirali	شبرهلی	de l'isle de Sira
sakyzli	ساقزلی	de l'isle de Scio
guiritli	كریتلی	de Crete
nakchali	نقشهلی	de Naxie
parizli	پارزلی	Parisien
marsiliali	مارسلیهلی	marseillo-
kyzyl almali	قزل المالی	Romain
baghdadli	بغدادلی	de Babylon-
ederneli	أدرنهلی	d'Andrinople
Iſtanbolli	اسْتانبولی	Conſtantinopolitain
eski Iſtanbolli	اسکی اسْتانبولی	Troyen
iſtankeuïli	اسْتانكويلی	de l'isle de Co-

dge-

dgenevi	جنوي	Genois
Halebli	حلبلي	Alepien
koudsli	قدسلي	de Ierusalem
iflakli	افلاقلي	de Valachie
boghdanli	بغدانلي	de Moldavie
caramanli	قرمانلي	de Caramanie
aïdinli	ایدنلي	de Carasie
qhyrvatli	حرواتلي	de Croacie
kazak	قزاق	Casaque
nūbeli	نوبه لي	de Nubie
maltyz	مالطز	de Malte
kaïserli	قیصرلي	de Cesarée
revanli	رواتلي	d'Erivan
ispahanli	اصفهانلي	d'Ispahan

RECVEIL DES VERBES

kazanmak	قزنمق	gagner
bilemek	بله مك	aiguiser
atchemak	اچمق	ouvrir
katmak	قامق	joindre
guetourmek	كتورمك	amener
boulounmak	بولنمق	être present
koullanmak	قوللنمق	se servir
kaldurmak	قالدرمق	lever
teadggiub itmek	تعجبا یتمك	admirer

RECVEIL DES VERBES

nasihet itmek	نصیحت ایتمك	avertir
buïumek	بیومك	croître
sedgedcitmek	سجده ایتمك	adorer
kyïmak	قیمق	opprimer
guelmek	كولمك	venir
outchemak	اوچمق	voler
qhaftalanmak	خسته لنمك	devenir malade
beraberlemek	برابرلمك	rendre egal
benzemek	بكزه مك	ressembler
iapichedurmak	یاپیشدرمق	afficher
guertcheklemek	كرچكلمك	affirmer
itmek	ایتمك	faire
bachelamak	باشلمق	commencer
tchalkamak	چالقمق	agiter
tanymak	طانمق	connoître
beslemek	بسلمك	nourrir
kazymak	قازمق	creuser
iiturmek	یتورمك	perdre
sewmek	سومك	aimer
ta·lyb olmak	طالب اولمق	rechercher
guezmek	كزمك	se promener
gueïdurmek	كیدرمك	habiller
koudgiaklamak	قوچقلمق	embrasser
buïumek	بیومك	amplifier
kesmek	كسمك	couper
nichanlamak	نشانلمك	marquer

saïmak	صاييق	compter
gueuzukmek	كوزكك	paroître
ïanachemak	يكشمق	aborder
arzulamak	ارزولمق	souhaiter
el tchalmak	ال چالمق	applaudir
kalaïlamak	قلاىلمق	plomber
komak	قومق	mettre
faklachemak	يقلاشمق	approcher
razi olmak	راضى اولمق	approuver
seundurmek	سوندرمك	éteindre
barichedurmak	بارشدرمق	pacifier
barichemak	بارشمق	faire un accord
ioklamak	يوقلمق	tâter
guerilmek	كرلمك	s'étendre
hazyrlamak	حاضرلمق	preparer
taramak	طرمق	peigner
asylmak	اصلمق	se pendre
asmak	اصمق	pendre
eudemek	اودهمك	payer
inandurmak	اناندرمق	persuader
deïmek	دكك	atteindre
eurmek	اورمق	entrelasser
tuïlenmek	توكنمك	commencer à avoir des plumes
iaghmak	ياغمق	plenvoir
perdahlamak	برداحلمك	polir

DES VERBES

sunmak	صونمق	presenter
gueuturmek	كتورمك	porter
katlanmak	قاتلانمق	auoir patience
denemek	دكمك	experimenter
douïurmak	طويرمق	trahir
tchikarmak	چقارمق	ôter
aramak	أرامق	chercher
silkmek	سلكمك	secoüer
dinlenmek	دكنمك	se reposer
kapmak	قاپمك	arracher
surumek	سورمك	trainer
seïreklenmek	سيركلنمك	se diminüer
tchekinmek	چكنمك	se retirer
guewchetmek	كوشتمك	relacher
kalmak	قالمق	rester
anmak	أنمق	se ressouvenir
suruklenmek	سوركلنمك	ramper
iamalamak	يامالمق	recoudre
seukmek	سوكمك	decoudre
diriltmek	ديرلتمك	ressusciter
alikomak	اليقومق	retenir
gulmek	كولمك	rire
okoumak	اوقومق	lire
iazmak	يازمق	écrire
donmak	طوكق	auoir grand froid
kyzarmak	قزارمق	rougir

RECVEIL DES VERBES

semirtmek	سمیرتك	engraisser
semirmek	سمرمك	s'engraisser
doïourmak	طویرمق	rassasier
ïaralamak	یارالمق	blesser
durtmek	دورتمك	inciter
deugmek	دوكك	battre
oummak	اومق	esperer
keupurmek	كوپرمك	écumer
sermek	سرمك	étendre
aksyrmak	اقصرمق	éternuer
boghmak	بوغمق	étrangler
eufurmek	اوفورمك	soufler
maghrourlanmak	مغرورلنق	s'enorgueillir
irinlenmek	ایرکنمك	suppurer
saghyrlanmak	صاغرلنق	devenir sourd
ichekillenmek	اشكللنمك	soupçonner
satmak	صاتمق	vendre
kousmak	قوسمق	vomir &c.

DES MANIERES DE PARLER
LES PLVS NECESSAIRES

Guentchelikden ko-dgialigha warindgé.	كنچلكدن قوجه لغه وارنجه	Depuis la jeunesse jus-qu'ala vieillesse.
Bachedan aïaghedek.	باشدن اياغه دك	Depuis la tête jus-qu'au pied.
Benden selam eïlé.	بندن سلام ايله	Salüesle de ma part.
Bir kimesneï mazoul itmek.	بركسنه يي معزول اتمك	Oter la charge a quelqu'un.
Mansoubini brakmak.	منصوبنى براقمق	Laisser sa charge.
alakasini kesmek.	علاقه سنى كسمك	N'auoir plus rien a pretendre.
Iolichachurdum	يولى شاشردم	je me suis egaré.
Az kaldy eulé iazdy.	ازقلدى اوله يازدى	peu s'en fallut qu'il ne mourût.
Eksik olmazdy.	اكسك اولمازدى	Il étoit toujours present.
On beche iil dur guideli.	اون بش يلدر كيدهلى	Il y a quinze ans qu'il s'en est alle.
Hele ichete ben guitdum, sen qhochetchia kal.	هله استه بن كتدم سن خوشچه قال	Quoy qu'il en soit, je m'en vais; portés vous bien.
Var iikyl.	واريقل	va te promener.

bou

Bou suret sana az tchiok benzer.	بو صورت سكا ازچوق بكزر	Ce portrait vous ressemble.
Ani euldurmekden guen dumi zapt idemem.	انی اولدرمكدن كندومی ضبط ایدم	Je ne puis m'empecher de le tuer.
Andan el iuiub, etek silkmiche idy.	اندن ال یویوب اتك سلكمش ایدی	Il auoit entierement abandonné cette affaire
Allah berekiat wirsun.	الله بركات ورسون	Dieu vous le rende.
Imane guelmek.	ایمانه كلمك	Embrasser la veritable religion.
Guelub koulaghyma fisildadi.	كلوب قولاغمه فسلددی	Il m'est venu parler à l'oreille.
Chehire iakyn guelduk.	شهره یقین كلدك	Nous nous sommes approchés de la ville.
Moum iak dé guetur.	موم یق ده كتور	Apportés moi de la lumiere
Makbouli humaïoun olmady.	مقبول همایون اولمدی	Il n'a point eut d'accés chez le Roy.
Bou eïoulighi senden bilurum.	بو ایولغی سندن بلورم	Je vous suis redevable de ce bienfait.
Bou bana aghyr gueldi	بو بكا اغر كلدی	Cecy me pese.
Bachina guelen cheïleri birer birer beïan eilé.	باشكه كلن شیلری برر برر بیان ایله	Racontés moi les malheurs, qui vous sont arrivés
Bachinden neler gue tchemiche.	باشندن نه لر كچمش	Que n'avés vous point souffert

ka

DE PARLER

Kapoudan iana oldy.	قپودن یکا اولدی	Il s'est preparé a sortir
Fakiré deftguir oldy.	فقیره دستکیر اولدی	Il a secouru le pauvre.
Bizi sizé qhilaf anlatdilar.	بزی سزه خلاف انكتدیلر	On vous a rapporté des faussetés de nous.
Tchioklouk ana atchilma.	چوقلق اكا چلمه	Ne vous ouvrés pas tant a lui.
Olkadar bana dgefa itmé.	اولقدر بکا جفا یتمه	Ne me tourmentés pas tant.
Bouraïe sagh selim wasil oldy.	بورایه صاغ سلیم واصل اولدی	Il est venu icy sain & sauf
Bir taché bir aktchia narqh kodyler.	بر طاشه براقچه نرخ قودیلر	Chaque coup de pierre a été estimé un denier
Alemi koudsé guzar itdi.	عالم قدسه کذار ایتدی	Il a passé a la vie eternelle.
Hak teâla dgennetdé haïati ebedi wirur.	حق تعالی جنتده حیات ابدی ویرر	Dieu donne la vie eternelle dans le paradis.
Ana gueunul wirmé.	اکا کوکل ویرمه	Ne vous y attachés point.
Talium icheledy.	طالعم ایشلدی	La fortune me favorise
Ben senun hakkyndan gueleïm.	بن سنك حقندن کلهیم	Vous me la payerés.
Tedbir dilpezerine istihsan itdi.	تدبیر دلپذیرینی استحسان ایتدی	Il a approuvé son conseil.
Hünerli dur.	هنرلی در	Il est industrieux.
Bir gueuricheté ani sewdum.	بر کوریشده انی سودم	Aussitôt, que je l'ai veu, je l'ai aimé.

ne

DES MANIERES

Ne ichelersyn?	نه ایشلرسك	Que faites vous?
Né dur halun?	ندرحالك	Comment vous portes vous?
Ioldgi misyn?	یولجی میسك	Etes voüs de partance?
Keuïleri ouroup gha-ret itdi.	كویلری اوروب غارت ایندی	Il a ravagé les villages.
Senun bana itdiguin ei-likleri bilurum.	سنك بكا ایندكك ایلككری بلورم	je reconnoitray vos bienfaits a mon egard
Senun eiliklerini hitche ounoutmam.	سنك ایلككرینی هیچ اوتمم	je n'oublieray jamais les bienfaits, que vous m'avez rendus.
Beche parmak bir deïil.	بش پرمق بردكل	Chacun vit a sa mode.
Keifi tchatdim.	كیفی چاتدم	je suis gaï.
Birimuz aldanmak gué-rek.	بریمز الدنمق كرك	L'un de nous se trompe.
Korkousindan benzi soldy	قورقوسندن بكزی صولدی	Il a pâli de crainte.
Eiu taban tchaldum.	ایو طبان چالدم	j'ai fait beaucoup de chemin a pied.
Mabeilerindé olan mou-habet buïuk dur.	ما بینلرنده اولان محبت بیوكدر	Ils sont liés d'une é-troite amitié.
Biri biriné inanmamak doſtlyghyn ichi deïul dur.	بری برینه انانمق دوستلغك ایشی دكلدر	Les amis ne doivent point se defier l'un de l'autre.
Kellesini birden ou-tchourdy.	كله سنی بردن اوچوردی	Il luy a coupé la tête d'un seul coup.

yqh-

DE PARLER. 135

senden bana ne faïdé dokounmiche?	سندن بكا نه فايده طوقنش	Quel bien m'avés vou fait?
Guendu faïdané bakarsyn.	كندو فايده كه بقرسك	Vous ne regardés que vôtre profit.
Benum faïdemi sen hitche gueuzetmesyn?	بنم فايده مي سن هيج كوزتمسك	Que jamais vous fàssiés rien pour mon profit?
Bn senun eïlouguiné tchalichirum.	بن سنك ايلوكنه چالشرم	Je ne travaille que pour vôtre bien.
Saframi boulandirdy.	صفرامي بولاندردي	Il m'a mis de mauvaise humeur.
Huzurimuzé moulakat itdy.	حضوريمزه ملاقات ايتدي	Il s'est presenté devant nous.
Hakikatiné woukoufunuz olmak itchun.	حقيقتنه وقوف اولمق ايچون	Pour vous faire connoître la verité.
Alah mouïesser eïleïé.	الله ميسر ايليه	Dieu veüille.
Bou cheï bana bakar.	بوشي بكا بقر	Cecy me regarde.
Bouna alakam war dur.	بوكا علاقه م واردر	Cela m'appartient.
Narin azasi war dur.	نارين اعضاسي واردر	Il est bien fait du corps.
Tenhaïé guidélim.	تنهايه كيده لم	Retirons nous a part.
Hewaï nefsé tabi olmak.	هواي نفسه تابع اولمق	Suivre les paſſions.
Bouraïé gueldy.	بورايه كلدي	Il est venu icy.
Senun ile hiſſab gueurelim.	سنكله حساب كوره لم	Faisons le compte.

War*

varmamuz moukar-rer dur.	وارمز مقرردر	Il est certain que nous irons.
Huzurilé otour.	حضورایله اوتور	Asseyés vous commodement.
Bir alaï mouhalati nakl itdi.	برالای محالاتی نقل ایتدی	Il a racconté des choses extravagantes.
Derouni pak, we salih adem dur.	درونی پاك وصالح ادمدر	C'est un homme de bonne foy.
Ben boü cheïi anun marifet ilé itdum.	بن بوشیئی انك معرفتیله ایتدم	J'ai fait cela par son conseil.
Benum bou chéïé ri-zam ïokdur.	نم بوشیئه رضام یوقدر	Je ne consens pas a cela.
Syra wardy guitdiler.	صره واردی کیتدیلر	Ils s'en allerent en ordre.
Gudgilé elimé guirdy.	کوجیله الیمه کیردی	Je l'ai eu avec grande peine.
Bou bana tchiok ak-tchaïa dur.	بوبکا چوق اقچه یه در	Cela me coute beaucoup d'argent.
Moutadi kadimé mouqhalif dur.	معتاد قدیمه مخالفدر	Cela est contraire a l'ancienne coutume.
Benum gueldughum bir kimseïé zarar vermedy.	نم کلدیکم برکسنه یه ضرروبرمدی	Mon arrivée n'a causé aucun dommage.
Benum bounda boulounmadighum bana tchiok zarar itdi.	نم بونده بولنمدغم بکا چوق ضررایتدی	Mon absence d'icy m'a causé beaucoup de dommage.

Qha-

DE PARLER.

Qhaber wermeile sana ne zarar oldy?	خبر ويرمكله سكانه ضرر اولدى	Quel tort vous ay je fait de l'avoir averti?
Bou seuzlerden tchiok zarar gueurursyn.	بو سوزلردن چوق ضرر كوررسك	vôtre mechante langue vous attirera beaucoup de malheur.
Adeti kadimé üzré guidelim.	عادت قديمه اوزره كيدلم	Suivons l'usage.
Adet itmé.	عادت ايتمه	N'introduisés point de nouvelle mode.
Chimdi adet deïul.	شمدى عادت دكل	Ce n'en est plus la coutume.
Kaïduni gueur.	قيدينى كور	Prenés garde a vous?
Sen bou ialan seuïlemekden waz guetchemezmisyn?	سن بو يلان سويلمكدن وازكچمزميسك	Ne cesserés vous jamais de mentir.
Mamélikini telef itdi.	ماملكنى تلف ايتدى	Il a consumé tous ses biens.
Itibar itmez oldy.	اعتبار ايتمز اولدى	Il a meprisé.
Osmanli uzeriné asker tchekdi we kiryldy.	عثمانلى اوزرينه عسكر چكدى وقريلدى	Il a mis sur pied une armée contre les Turcs, & il a été vaincu.
Hasmun Brousaïa guitdi	خصمك بروسه يه كيتدى	personne ne vous contredit.
Emri beraks oloursa.	امر برعكس اولورسه	S'il en arrive autrement.
Qhulkuni islah eilé.	خلقكى اصلاح ايله	Corrigés vos mœurs, doftlu$

Guitdi wardy.	كيتدى واردى	C'en est fait.
Sinour kesmek.	سنور كسمك	Determiner les limites.
Moukerreri gueldy.	مقررى كلدى	On l'a continué dans sa charge.
Kazaïé riza wirmek.	قضايه رضا ورمك	Se soumettre aux destins.
Chachedi kaldy.	شاشدى قالدى	Il est devenu tout confus, & il s'est troublé.
Dostlygha laïk deïul dur.	دوستلغه لايق دكلدر	Cela est contraire a l'amitié.
Ne ïapmalu, zemané gueuré koullanmali.	نه يپملو زمانه كوره قوللنملى	Que faire ? il faut s'accommoder au tems.
Icheté beuïledgésiné im, el werurse qhoche, ïoghisa sen sagh ol.	اشته بويلجه سنه يم ال وررسه خوش يوغيسه سن صاغ اول	Tel est mon naturel, si vous en êtes content, voila qui est bien, si non, a Dieu.
Eilin malini ïer.	ايلك مالنى ير	Il mange le bien d'autruy.
Her cheï guenduné tcheker.	هرشيىء كندونه چكر	Il s'empare de tout.
Eilin zararindan guendi faïda gueurur.	ايلك ضررندن كندى فايده كورر	Il s'engraisse des malheurs d'autruy.
Her né ïeréguitsen biledgé guelirim.	هرنه يره كيتسك باجه كاورم	je vous suivray par tout, ou vous irés.
Ewimédek beraber gueldy.	اوىمه دك برابر كلدى	Il m'a accompagné jusqu'a ma maison.

S.e-

DE PARLER

Yqhtiiar eldé deïul.	اختيار الدم دكل	je ne le puis pas.
Bou mezkourden guiru kalani kyias eïlé.	بو مذكوردن كيرو قلانى قياس ايله	De la jugés du reste.
Kardachimi guendiné ioldache idindi.	قرداشمى كندينه يولداش ايندى	Il a pris mon frere pour compagnon.
Bou wilaietin hawasiné alichamadum.	بو ولايتك هواسنه الشمدم	je n'ai pû m'accoutumer a l'air de ce paysey.
Boundan elakam kesildy.	بوندن علاقه م كسلدى	Cela ne me regarde plus.
Né iureïlé bouraia gueldun,	نه يوركه بورايه كلدك	Comment avés vous eû la hardiesse de venir icy.
Itmeïé dgiani warmi?	اتمكه جانى وارمى	Aurat'il la hardiesse de le faire.
Qhaïr alamet deïul.	خير علامت دكل	Ce n'est pas un bon signe.
Kadem gueturdun.	قدم كتوردك	Vous êtes de bon augure.
Kourdy koulaghinden toutmak.	قوردى قولاغندن طوتمق	Tenir le loup par les oreilles.
Koulaghimé deïdi.	قولاغمه دىدى	Ie l'ai entendu dire.
Qhacha hurmetunuzé	خاشا حرمتكزه	Sauf le respect que je vous dois.
ia dewlet baché ia kousghoun leché.	يا دولت باشه يا قوسغون لشه	viure, ou mourir.
El wirursé.	الو يرسه	si vous le pouvés.

DES MANIERES

Allah sizé iardumdgi ola.	اللّه سزه ياردمجى اولا	Dieu vous aide.
Iki karpouz bir kol-tougha syghmas.	ايكى قارپوز برقولتوغه صغماز	Il ne peut y avoir deux Roys dans un Royaume.
Allah seni mouammer eïleïé.	اللّه سنى معمر ايليه	Dieu vous donne une longue vie.
Ne moutla sena.	نه مطلع سكا	Que vous êtes heureux.
Esnaï keïfietté. Gudgilé ducherek kal-karak ewé gueldum.	اثناى كيفيتنده كوجله دوشرك قالقرق اوه كلدم	Dans la chaleur du vin. Avec grande peine je suis revenu a la maison, tantôt en tombant, tantôt en me relevant.
Ol mikdar adem kan-dé syghar.	اول مقدار ادم قنده صغر	Quel lieu pourra contenir une si grande multitude d'ames.
Nitché namdarleri destguir we mouka-ïed we esir eïlidi.	نچه نامدارلرى دستكير ومقيد واسير ايلدى	Il a pris plusieurs personnes illustres & les a chargées de fer.
Qhatirimid gelb eïle-di.	خاطرمى جلب ايلدى	Il s'est attiré mon amitié.
Benum bir ierim tout-maz.	بنم بر يرم طوتماز	Je suis pris de tout le corps.
Bachum aghryr.	باشم اغرر	La tête me fait mal.
Belli deïul dur.	بلّى دكلدر	Cela n'est pas sûr.

Ba-

DE PARLER

Bachine iazili idy.	باشنه یازیلی ایدی	Ainsi vouloient les deſtins.
Bou imiche bachiné iazilan iazi.	بو ایمیش باشنه یازلان یازی	C'etoit vôtre deſtinée.
Bachini meidana kody.	باشنی میدانه قودی	Il s'eſt expoſé aux perils.
Itdugui takdirdé.	ایتدوکی تقدیرده	Suppoſés qu'il l'ait fait.
Sakyn eïlemé chou cheï.	صقن ایله شو شیئی	Ne faites point cela.
Qhatyrimuz iok mi?	خاطرمز یوقمی	Ne ferès vous rien pour l'amour de moy?
Ne illeté mubteni dur?	نه علته مبتنیدر	Sur quelles raiſons s'appuye t-il?
Sakyn ihmal eïleïesyn.	صقن اهمال ایلیه سك	Prenés garde de negliger.
Sena ilmi hikmetiné teslimi iokdur.	سکا علم حکمتنه تسلیمی یوقدر	En fait de philoſophie il ne vous cede pas.
Aldighun haram olsoun.	الدیغك حرام اولسون	Je ſouhaite, que ce, que vous avès pris, vous tourne en malheur.
Qhaïrini gueurmeïesyn.	خیرینی کورمیه سن	Je ſouhaite, que vous n'en jouïſſiés point.
Doſtlar atasinda teklif iok dur.	دوستلرا راسنده تکلیف یوقدر	Entre amis il n'y a point de ceremonies.

dged-

134   DES MANIERES

Dged bedged seuz sahibi durlar.	جد مجد سوز صاحبى درلر	L'authorité est hereditaire a leur famille
Guedge hazm olounan taam.	كيج هضم اولنان طعام	Vn mets, qui se digere difficilement.
Tedebbour idub dourour.	تدبر ايدوب طورر	Il est tout pensif.
Ne deundé dur atun?	نه طونده در اتك	De quelle couleur est vôtre cheval,
Balykdan haz itmem.	بالقدن حظ ايتمم	je ne mange pas volontiers le poisson.
Beni refik idindi.	بنى رفيق ايدندى	Il m'a pris pour compagnon de voyage.
Sana mourafekat iderim.	سكا مرافقت ايدرم	je vous accompagneray dans vôtre voyage.
Neden guelc ki senunile tchiokdan qhaberlechemeïeuruz?	نذن كله كه سنكله چوقدن خبرلشميورز	Pourquoy avons nous rompu le commerce de Lettres?
Kariche mouriche bir iere dgem oldylar.	قارش مورش بر يره جمع اولديلر	Ils s'assemblerent en desordre dans un endroit.
Bou cheïé seni moubachir itdim.	بو شيئه سنى مباشر ايتدم	j'ai laissé cette affaire a vôtre arbitre.
Hawa atchildighy guibi iola tchikarim.	هوا چلديغى كى يوله چقارم	aussitôt, qu'il fera beau tems, je me mettrai en chemin.
Ichini bilur.	ايشنى بلور	Il fait bien ses affaires.

S en-

DE PARLER

Senun amellerin seuz- lerine ouïmaz.	سنك عملرك سوزلرينه اویماز	vos actions ne s'accordent point avec vos paroles.
Bir kimsé ile dirlik idémezsyn.	بر کمسه ایله دیرلك ایده مزسك	vous ne pouvés vous accommoder avec qui, que ce soit.
Benum tabietum senunkiné ouïar.	بنم طبیعتم سنككنه اویار	Nos mœurs se ressemblent.
Qhatyrim itchiun soutchelarini baghychela.	خاطرم ایچون سوچلرینی باغشلا	pardonnés leur pour l'amour de moi.
Guendini tchiok taslar.	کندیکی چوق طصلر	Il se vante beaucoup.
Ani guenduïé dost idindi.	انی کندویه دوست ایندی	Il s'est attiré son amitié
Helal mal zaï olmaz.	حلال مال ضایع اولماز	Le bien, qu'on a acquis par des voyes justes, ne se perd jamais.
Haram mal zaï olour.	حرام مال ضایع اولور	Le bien mal-acquis ne fait jamais de profit.
Bou lakyrdi sana dur.	بو لاقردی سکادر	c'est a vous, que s'adresse ce discours.
Beni selamlamadan guitdi.	بنی سلاملمدن کتدی	Il est parti sans me dire a Dieu.
Benum en buïuk qhasmim sen sin.	بنم اكبیوك خصم سن سین	vous êtes mon plus dangereux ennemi.
Senun anunilé né ichin war.	سنك انكله نه ایشك وار	Qu'avés vous a faire avec lui.

duche-

DES MANIERES

Duchekun diiu ichit-dum.	دوستقن ديواشتدم	j'ai entendu dire que ses affaires alloient bien mal.
Ne hadgiatlari, bou iche senun dur.	نه حاجتلرى بو ايش سنكدر	Que leur importe-t-il, ce sont vos affaires.
Ben ana cheuïlé bir iche atchaim ki, itdiklerine pucheman olsoun.	بن اكا شويله برايش اچه يم كه ايتدكلرينه پشمان اولسون	je lui susciteray de si belles affaires, qu'il se repentira de tout ce qu'il a fait.
Guendi guendine iche atchedi.	كندى كندينه ايش اچدى	Il s'est fait des affaires.
Elin ichine karichema dé, guendi ichini gueur.	ايلك ايشنه قارشمه ده كندى ايشينى كور	Mélez vous de vos affaires, sans vous embarasser de celles d'autruy.
Senun euïudun bana lazim dur.	سنك اوكودك بكا لازمدر	j'ai besoin de vôtre conseil.
Benum qhardgiadiguima sen né karichirsyn?	بنم خرجدیكمه سن نه قارشورسك	Si je fais des depenses, de quoy vous mélés vous.
Bou cheidé senun beni sewdighini douïdum.	بوشيده سنك بنى سوديكنى طو يدم	j'ai reconnû dans cette affaire combien vous m'aimez.
Seni dénémek itchun tinmadum.	سنى دكمك ايچون طنمدم	j'ai dissimulé pour vous éprouver.
Benden iacheli dur.	بندن ياشلودر	il est plus âgé que moy.

hep-

DE PARLER.

Hepsini sendgilein bilursyn.	هپسنی سنجلین بلورسن	vous mesurés tout le monde a vôtre aune.
Guerekmez mi idy ki ewelden bileidum.	کرکمز می ایدی که اولدن بلیدم	Ne falloit-il pas que je le sçuſſe auparavant.
Ewden tachéra tchikmadighindan tacherada ne oldughyni bilmez.	اودن طشره چقمدکندن طشرده نه اولدوغنی بلمز	Comme il ne sort pas de la maison il ne sçait pas ce qui arrive dehors.
Bendgilein sen-dé pucheman oloursoun.	بنجلین سنده پشمان اولورسك	vous vous en repentirés comme moy.
Olaïdy, pek haz iderídum.	اولایدی پك حظ ایدردم	si cela eût été il m'auroit fait beaucoup de plaisir.
Bir oufak aktcha disen uftundé boulunmaz.	بر اوفاق آقچه دیسك اوستنده بولنماز	Il n'a pas un sol dans la poche.
Faïdesi zarerinden tchiok.	فایده سی ضررندن چوق	Il a plus gagné qu'il n'a perdu.
Bou sena aïb cheï dur.	بوسكا عجب شیء در	cela est honteux pour vous.
Ana iki kat ziiadé wirdi.	اكا ایكی قات زیاده وبردی	Il luy a donné le double.
Iazik ki euilé adami euldururler.	یازق كه اویله آدمی اولدررلر	c'est dommage de faire mourir un si honnete homme.
achiftesi dur.	اشفته سیدر	Il l'aime a la folie.

DES MANIERES

Senun zararini eūderîm.	سنك ضررينى اودەريم	je repareray le dommage, qu'on vous apportera.
Bougunlik bizum syn.	بوكونلك بزمسك	vous êtes a nous aujourd'hui.
Guendgelik belasidur.	كنجلك بلاسيدر	Il faut attribuer cela a la jeunesse.
Euïlelerdgé ouïour.	اويله رجه اويور	Il a coutume de dormir jusqu'a midy.
Butun guedgé ouïouiamadum.	بتون كيجه اويويامدم	je n'ai pû dormir toute la nuit.
Mirmirladighyni ichitdum.	مرمرلاديغنى اشتدم	je l'ai entendû murmurer.
Seuïleïé seuïleïé bachimi aghyrtdi.	سويليه سويليه باشمى اغرتدى	A force de parler, il m'a rompu la tête.
Iarin deiul, ol bir gun guitme ie niïetim war.	يارن دكل اول بركون كيتمكه نيتم وار	j'ai envie de partir après demain.
Bou qhaftalyk deurt tarafa iaïildy.	بو خستلك دورت طرفه يايلدى	Cette maladie domine partout.
Wudgioub neden lazim oldy.	وجوب ندن لازم اولدى	Quelle necessité de faire.
Qhudaï bende nou-az derguiahine arzi niaz eïledy.	خداى بنده نوازدركاهنه عرض نياز ايلدى	Il a exposé a Dieu ses necessités
Kazaïé riza gueuftermek.	قضايه رضا كوسترمك	De necessité faire vertû.

pe

DE PARLER. 149

Pechin wiren iki wirur.	پیشین ویرن ایکی ویرر	Qui donne vite, donne deux fois.
Bir cheï ghaib oloursa, senden bilurum.	برشئ غایب اولورسه سندن بلورم	S'il se perd quelque chose, je m'en prendrai a vous.
Ana itdighin eïlikleri sanki bana itmiche oloursyn.	اكا ایتدیکك ایلکلری صانکه بکا ایتمش اولورسك	Les services, que vous luy rendrés, je les croiray fait a moy.
Bou bizi helak itdi.	بوبزی هلاك ایتدی	voila la cause de mes malheurs.
Ol olmaïaïdi ben fchimi bilouridum.	اول اولمایدی بن ایشمی بلوردم	S'il n'y eût été, je sçavois ce que j'avois a faire.
Sebebsiz tchyghyrmak delilik dur.	سببسز چاغرمق دلیلکدر	C'est être fou, que de crier sans raison.
Vtche saat dourour bir cheï itmegué.	اوچ ساعت طورر برشئ ایتمکه	Il est trois heures a faire une chose.
Ichi gudgi asiladgiaklyk dur.	ایشی کوجی اصلاجقلقدر	Il ne pense qu'a la malice.
Deli dur diïu iaramazlyghini itizar ider.	دلیدر دیو یرامزلکنی اعتذار ایدر	Sa folie sert d'excuse a sa mechanceté
Soutchini bir ghairisimun uzerine atmak.	سوچنی برغیریسنك اوزرینه اتمق	jetter la faute sur un autre.
Bou cheïi uzerine aldy.	بوشیئی اوزرینه الدی	Il s'est chargé de cette affaire.
Eli iufka dur.	الی یوفقه در	Il n'est pas riche.

SEPTIE'ME

SEPTIE'ME PARTIE
DES
DIALOGVES

EVELKI MVKIALEM'E	اولكى مكالمه	1.er DIALOGVE
Sabah waktindé ziaret itmek itchun.	صباح وقتنده زيارت ايتمك ايچون	pour faire une visite le matin.
Aghan neredé dur?	اغاك نره ده در	Ou est ton maitre?
Bounda dur, soultanum.	بوندا در سلطانم	Il est icy, monsieur.
Daqhi ouïourmi?	دخى اويورمى	Dort'il encore?
Qhaïr, tchelebum, oïanik dur.	خير چلبم اويانقدر	Non, monsieur, il est eveillé.
Kalkmichemi?	قالقمش مى	Est'il levé.
Iok, soultanum, daqhi deuchekdédur.	يوق سلطانم دخى دوشكده در	Non, monsieur, il est encore au lit.
Sabahynuz qhaïr ola, soultanum.	صباحكز خير اولا سلطانم	je vous souhaite le bon jour, monsieur.
Qhoche gueldun tchelebum.	خوش كلد ك چلبم	Soyes le bien venu, monsieur.
Daqhi deuchekdésynuz?	دخى دوشكده سكز	vous êtes encore au lit?
Dun guedgé guitche iatdum.	دون كيجه كيچ ياتدم	Hier au soir je me suis couché tard.

DIALOGVES 145

Aqhcham mandgiasinden sonra né icheledunuz?	اخشام مانجه سندن صکره نه ایشلدکز	Que fites vous après soupé?
Sen guitdighin guibi oïnamagha bacheladuk.	سن کیتدیککی اوینغه باشلدک	Aussitôt que vous en allâtes, nous commençames a jouer.
Né asyl oïoun oïnadunuz?	نه اصل اوین اویندکز	A quel jeu?
Kimisi satrendge, kimisi kiaghid, ol birleri dama oïnadylar.	کیمیسی سطرنج کیمیسی کاغد اول برلری داما اویندیلر	Les uns jouêrent aux echets, les autres aux cartes, & d'autres aux dames.
Kim aldy oïouni, kim ghaib itdi?	کیم الدی اوینی کیم غایب ایتدی	Qui a gagné, qui a perdu?
Bir oïoundé on ghrouche aldum.	براوینده اون غروش الدم	Du premier coup, j'ai gagné dix ecus.
Nekadar zeman oïnadunuz?	نقدر زمان اویندکز	Combien de tems jouâtes vous?
Butun guidgé oïnaduk.	بتون کیجه اویندق	Nous jouâmes pendant toute la nuit.
Bou kadar guetche kalkdighiné teadgiub itmem, saat katchedé dur?	بوقدر کیج قالقدیکنه تعجب ایتم ساعت قاچده در	je ne m'etonne pas si vous vous levés si tard, Quelle heure est'il?
Guneche doghmouche dur	کونش طوغمشدر	Le soleil est levé.

gué

Guneche kalkmadan e- کونش قالقمدن اوّل سوز j'avois donné un ren-
wel seuz wirdiguimier- وردیکم یرده بولنسم کرك des-vous avant le lever
de boulounsam guerek ایدی du soleil.
idy.

Allaha ismarladuk. اللهه اصمرلدك A Dieu.
Allah bilendge olsoun. الله بیلنجه اولسون Dieu vous accompagne

IKINDGI MVKIALE- ایکنجی مکالمه **DIALOGVE.**
ME

Guiiinmek uzré کیمنك اوزره Pour s'habiller.

Ere hou, bir kimsé war- بره هو برکسه وارمی Hola, y at'il quelqu'un
mi?

Lebeïk soultanum. لبیك سلطانم Que vous plait'il, monsieur.

Tez atechi iak, we be- تیز اتشی یق ونی کیدر Allons vîte, faites du
ni gueiidur. feu, & habilles moi.

Gueumleghimi bana کوملکمی بکاور Donnés moi ma chemi-
wir. se.

Iffidgiak deïul. اسجاق دکل Elle n'est pas chaude.

Ier ister senuz, isidé- اکر استرسکز اسیدرم Si vous souhaites, je la
im. chaufferay.

Iok iok eïu dur. یوق یوق ایودر Non, non c'est bien.
Tchioraplarimi guetur. چوراپلرمی کتور Apportés moi mes bas.
Kondouralarim kani. قوندوره لرم قانی Ou sont mes pantou-
fles.

DIALOGVES.

Ichetè, Soultanum. Ienisini ismarlamichei-tdum guibi.

ایشته سلطانم یکیسنی اصمرلمش ایدم کی

Les voicy, Monsieur. Il me semble avoir ordonné, qu'on m'en fisse de nouuelles.

Ewet Soultanum, and-giak daqhi biturmemi-cheler.

اوت سلطانم انجق دخی بتورممشلر

Il est vray, Monsieur, mais on ne les a pas encore faites.

Bou gun guit bakasyn biturmicheler mi.

بو کون کیت بقه سلك بتورمشلرمی

Souvenez-vous d'aller voir aujourd'huy si elles sont faites.

Kurkumi iapmagha vir-miche idum, gueturdi-ler mi, bakaim.

کورکی یاپغه ویرمش ایدم کتوردیلرمی بقه یم

J'avois donné ma pelisse a faire, me l'a-t-on rapportée? que je la voie.

Eiu mi dur, ne dirsyn?

ایومیدرنه دیرسك

Est elle bien faite, qu'en dites-vous.

Pek guzel dur, Soulta-num, hem sana pek iakichit.

پك کوزلدر سلطانم هم سکا پك یقیشر

Elle est tres bien faite, Monsieur, & elle vous sied fort bien.

Kani kalpaghim, Tchamachirdgiii gueu rursen diki tchamachi-rimi guetursyn.

قانی قلپغم چماشرجی بی کوردرسك دی که چماشریمی کتورسن

Ou est mon bonnet? Souvenez vous de dire a la blanchisseuse, si vous la voyes, qu'elle m'apporte mon linge.

Bache ustune, Soulta-num.

باش اوستنه سلطانم

Tres volontiers, monsieur.

Kanghy esbabini gui-iersyn bou gun?

قنغی اسبابکی کیرسك بو کون

Quel habit mettrés-vous aujourd'huy?

Dun gueïdiguimi.   دون کید یکسی   Celuy, que j'avois hier.
Dun derziic guitdin-mi?   دون درزی یه کیتدثمی   Fûtes vous hier chez le tailleur?
Ewet, Soultanum bougunden euturi seuz wirdy.   اوت سلطانم بوکوندن اوڤری سوزویردی   Ouy, Monsieur, il l'a promis pour aujourd-huy.
Kapouïi tchalaïeurler, bak kim dur.   قپویی چالیورلر بق کمدر   On heurte a la porte, voyez qui c'est.
Derzi dur, soultanum.   درزیدر سلطانم   Monsieur, c'est le tailleur.

Guelsun itcheru.   کلسون اچرو   Faites le entrer.
Sefa gueldun ousta derzi, espabimi gueturdun-mi?   صفاکلدك اوستە درزی اسپابمی کتوردثمی   Soyés le bien venû, Maître tailleur apportés vous mon habit?
Ewet, Soultanum, gueturdum.   اوت سلطانم کتوردم   Ouï, Monsieur, je l'ai apporté.
Ben seni beklerdum.   بن سنی بکلردم   je vous attendois.
Vstumé ko bakalumeïu midur.   اوستمە قو بقەلم ایومیدر   Essayéz le moy, que je voie s'il est bien fait.
Inchallah qhochenoud oloursyn.   انشاالله خوشنود اولورسك   J'espere, que vous en serés content.
Bana kyssa gueurunur.   بکا قصە کورینور   Il me paroit trop court.
Ienleri inli deïul-mi?   ینکلری اینلی دکلمی   Les manches, ne sont-elles pas trop larges?

Qhaïr, Soultanum, pek eiu dur.   خیر سلطانم پك ایودر   vous me pardonnerez, Monsieur, elles vont fort bien,

DIALOGVES

Chimdi beuïlé guiïur-ler.	شمدى بويله كىدرلر	C'est la mode a present.
pek darida neïlemeli.	پك طارى ده نه ابلملى	Aussi de quoy sert de de les auoir si etroites?
Qhardgelarina seuzun war-mi?	خرجلرينه سوزك وارمى	Que dites vous de ma garniture.
poh ne guzel dur!	پوه نه كوزلدر	Qu'elle est belle!
Cheridin archini kat-ché aldyn?	شريدك ارشينى قاچه الدك	Combien vous a couté l'aune de ces galons?
Oudgouz, bir ghrou-cha aldum.	اوجز برغروشه الدم	C'est a bon marché, je l'aï acheté un ecus.
Hisabini gueur déiarin guel aktchiani al.	حسابكى كورده يارين كل اقچه كى ال	faites votre compte, & venez demain être pai-ïé.

VTCHIVNDGI MV-KIALEMÉ.   اوچنجى مكالمه   3.me DIALOGVE.

Dost ilé dost.	دوست ايله دوست	Entre deux amis.
Sabahinuz qhaïr ola tchelebum.	صبا حكز خير اولا چلبم	Je vous souhaite le bon jour, monsieur.
Qhoche gueldun, sefa gueldun, soultanum.	خوش كلدك صفا كلدك سلطانم	Monsieur, soyés le bien venû.
Mizadgi cherifinuz ni-dgé dur?	مزاج شريفكز نجه در	Comment vous portés vous

chu-

DIALOGVES

Chukur ; ïa siz nidgē siniz ?	مشكر ياسز نجه سكز	Dieu soit loué, & vous comment vous portés vous ?
Tchiokdan seni gueürmedum.	چوقدن سنی کورمدم	il y a long tems, que je ne vous ai veû.
Nerédé idinuz boukadar zeman ?	نره ده ایدیکز بوقدر زمان	Ou êtiés vous depuis si long tems.
Ne sebebden bana guelmedun ?	نه سببدن بکا کلمدك	Quelle raison vous a empéché de me venir voir ?
Sen beni ounutdun sandum.	سن بنی اوتدك صاندم	j'ai crû que vous m'aviés oublié.
Meazour bouïourun, soultanum.	معذور بیورك سلطانم	Excusés moi, monsieur.
Eïer iftédiim kadar hazretlerinizi selamlamagha guelmedum isé, kabahat benum deïul.	اکر استدیکم قدر حضرتلرکزی سلاملمغه کلمدم ایسه قباحت بنم دکل	si je ne suis pas venû vous saluer aussi souvent que je l'aurois souhaité, il n'y a pas de ma faute.
Sizé ifterdum guelmeïé, andgiak ichim tchiok oldoughindan guelemedum.	سزه استردم کلمکه انجق ایشم چوق اولدوغندن کله مدم	je souhaitois venir vous voir, mais mes affaires m'ont empeché de m'acquiter de ce devoir.
Ol kadar ichelerim war-idy ki, sana guelemedum.	اولقدر ایشلرم وارایدی که سکا کله مدم	j'avois tant d'affaires qu' il ne m'a pas été possible de vous venir voir.
Mouradum war idy.	مرادم وارایدی	j'avois bonne volonté.

ni-

DIALOGVES

Niïet dosta tetichir.	نیت دوسته یتشر	La bonne volonté suffit a un ami.
Sizi sagh selim gueur-dughymé sewinurum.	سزی صاغ سلیم کوردکه سوزرم	je me rejouis de vous voir en bonne santé.
Kardachin qhasta dur diïu ichitdum.	قرداشك خسته در دیو اشتدم	J'ai entendu dire, que vôtre frere étoit malade.
Nidgé dur chimdi?	نجه در شمدی	Comment se porte t'il maintenant?
Chukur allaha, eïudgé dur.	شكر اللهه ایوجه در	Par la grace de Dieu, il se porte un peu mieux.
Andan euturi pek tasalandum.	اندن اوتوری پك تصلندم	vous ne sçauriés croire combien cela m'a fait de peine.
Qhastaligui né idy?	خستهلكی نه ایدی	Quelle étoit sa maladie?
Isytma idy.	اسنما ایدی	Il avoit la fievre tierce.
Ani isytma nekadar zeman toutdy?	انی اسنما نقدر زمان توتدی	Combien de tems l'a-t'il eû?
Vtche aï.	اوچ آی	Pendant trois mois.
Isytmasi daqhi toutaïeurmi?	اسنماسی دخی طوتیورمی	La fievre le prend'il encore?
Bazi kerré.	بعضی كرّه	Quelque fois.
Allah saghlighyni wirsun.	الله صاغلغنی ویرسون	Dieu lui donne la santé.
Eumrin uz tchiok olscun soultanum.	عمرك چوق اولسون سلطانم	je vous remercie, monsieur.

DIALOGVES

DEVRDVNDGI MV-KIALEME. دوردنجی مکالمه **4.me DIALOGVE.**

| Kahwe alty itmek uzre. | قهوه التی ایتمك اوزره | pour dejeûner. |

| Kahwe altyïe hazir bir cheïn ïok-mi? | قهوه التی یه حاضر بر شیئك یوقمی | Avés vous quelque chose de prêt pour le dejeuner? |

| Ne istersynuz, soultanum? | نه استرسكز سلطانم | Que souhaités vous monsieur. |

| Kouzi eti ïok-mi dur? | قوزی اتی یوقمیدر | N'avés vous point de l'agneau? |

| Iok dur, soultanum, andgiak soudgiouk ile oufak beurek war dur. | یوقدر سلطانم انجق سجوق ایله اوفق بورك واردر | Non, monsieur, il n'y en a point, mais il y a des saucisses, avec des petit pâtés. |

| Pek eïu, war charab tchek, we sooutmagha ko. | پك ایو وار شراب چك وصوتمغه قو | C'est bien, allés tirer du vin, & mettés le au froid. |

| Dostoum biri guelub benum ile kahwe alty i-dedgek. | دوستك بری كلوب بنم ایله قهوه التی ایده جك | Vn de mes amis doit venir dejeuner avec moi. |

| Tchelebum, mehellinde gueldun. | چلبم محلنده كلدك | Monsieur, vous venés tout a propos. |

| Her cheïi hazir itditi ïeurdum. | هرشئ حاضر ایتدیردم | je faisois preparer toute chose. |

| Tiz sofraï kouroun. | تیز سفره ئی قورك | Allons vite, mettés la table. |

DIALOGVES

Tepsileri, tchatallari, kachiklari bitchakleri, guetur.	تپسيلرى چتاللرى قشقارى بچاقلرى كتور	Apportés les assiettes les fourchettes, les cuilleres & les couteaux.
Teklifsiz oloun Sultanum.	تكليفسز اولوك سلطانم	Allons Monsieur, sans façon.
Chou oufak beureklerden, daqhi isydgak iken ïeïen-uz.	شواوفق بوركاردن دخى اسيجاق ايكن ييكز	Mangéz de ce petits patés, tandis qui sont chauds.
Pek eïu durlar; andgiak bir az ziïade pichemiche.	پك ايودرلر انجق بر از زياده پشمش	Ils sont fort bons; mais ils sont tant soit peu trop cuits.
Bakalum charab eïu-mi dur.	بقلوم شراب ايومىدر	voyons, si le vin est bon.
Vir itcheim.	ويراىجهيم	Donnéz moy a boire.
Echekinguizé, Soultanum.	عشقكزه سلطانم	A vôtre santé, Monsieur.
Asietler olsoun, tchelebum	عافيتلر اولسون چلبم	je vous remercie, Monsieur.
Ne asyl charab dur bou?	نه اصل شراب در بو	Quel vin est cela?
Chimdi bakar syn; doldur Aghaïa.	شمدى بقرسك طولدر اغايه	Vous le gouteréz; donnéz a boire a Monsieur;
Dour bir para ïeïm.	طور بر پاره ييم	Attendéz, que j'aïe mangé un morceau.
Soudgioukleri guetur.	سجوقلرى كتور	Apportéz les saucilles.
Aghaïa bir tepsi wir.	اغايه بر تپسى ويرر	Donnéz une assiette a Monsieur.

chou

Chou soudgiouklerden ič. شو سوجوقلردن ي prenez de ces saucisses.
Chimdi doldur, itchéim. شمدى طولدرايچه يم Donnez moy à boire à cette heure.
Echekigné Agham. عشقكه اغام A vôtre santé, Monsieur.
Afietler ola, soultanum. عافيتلراولاسلطانم Bon prou vous fasse, Monsieur.
Ne dersyn? eïu midur? نه ديرسك ايو ميدر Qu'en dites vous? est il bon?
pek eïu dur. پك ايو در Il est excellent.
Tchelebi kardachinuz euté gun boundan itchedi, we pek beïendi. چلبى قرداشكز اوته كون بوندن ايجدى و پك بكندى Monsieur vôtre frère en a bû l'autre jour, & il en a été fort content.
Syghyr dilini dilerseniz guetureim. صغر ديلنى ديلرسكز كتوره يم souhaités vous que j'apporte la langue de boeuf?
Guetur, Tchelebi andan bir lokma ič isyn. كتور چلبى اندن بر لقمه يشسون Apportez, que Monsieur en goute un morceau.
Bou dili beïenmediniz zahir? بو ديلى بكنمدكز ظاهر Cette langue ne vous plait pas apparemment?
Qhair, Soultanum, ïedum. خير سلطانم يدم Vous me pardonnerés, Monsieur, j'en ay mangé.
Doldur bir daqhi itchelum. طولدر بر دخى ايچه لوم Beüvons encore un coup.

DIALOGVES

Ben chimdi itchedum.	بن شمدی ایچدم	je viens de boire.
Bir cheï ïemeïeursyn.	برشئ ییمیورسك	vous ne mangez rien.
Ol kadar ïedum ki deïmedé ki euïle mandgiasini ïeïe bilem.	اولقدر یدم که دیمده که اویله مانجهسنی ییه بلم	j'ai tant mangé, que je ne crois pas pouvoir diner.
Latifé idersynuz, hitche bir cheï ïemediniz.	لطیفه ایدرسکز هیچ برشی یمدیکز	vous vous mocquéz, vous n'avez rien mangé.
Guertchek sizé laïk bir cheï ïogh idy.	کرچك سزه لایق برشی یوغیدی	Il est vray, qu'il n'y auoit rien, qui fût digne de vous.
Qhaïr, Effendim; her cheï ziïadesiïle beïendum.	خیر افندم هر شئ زیاده سیله بکندم	Excusez, tout étoit a mon goût.
Neredgeïe?	نره جکه	Ou allez vous?
Ne pek ewetlersyn, bir az daqhi otourun, ïalwarirım sizé.	نه پك اوتلرسن براز دخی اوتورك یلوارىرم سىزه	vous vous pressez bien, asseyéz vous encore un peu, je vous prie.
Kardachim beni ïakyn bir baghtchedé bekleïeur.	قرداشم نی یقین بر باغچه ده بکلیور	Mon frere m'attend dans un jardin icy prés.
Dour, beraber guideriz.	طور برابر کیدهرز	Attendez, nous irons ensemble.

BE-

BECHINDGI MU-KIALEMÉ

بشنجی مکالمه   5.me DIALOGVE.

Baghtché uzré.　باغچه اوزره　Dv Iardin.

Ne tchiok e'ilendinuz aghaler.　نه چوق اکلندکز اغالر　vous vous faites bien attendre, messieurs.

Boche bochouna deiulidy, tchelebinun ewindé bir eiu kahwé alty bouldum.　بوش بوشنه دکل ایدی چلبینک اونده برا یوقهوه التی بولدم　je n'ai pas perdu mon tems, j'ai trouvé un tres bon dejeûner chez monsieur.

Iazyk ki senda benum ilé guelmedun.　یازق که سنده بنم ایله کلمدک　je suis fâché, que vous ne soyés pas venu avec moi.

Iki saatdan beru seni bourada Aqhmed agha ilé bekleridum.　ایکی ساعتدن بروسنی بوراده احمد اغا ایله بکلردم　il y a deux heures, que je vous attendois icy avec monsieur Aqhmed.

Ia Aqhmed agha nerédédur?　یا احمد اغا نرده در　Ou est donc, monsieur Aqhmed?

Sizé selami war, andgiak bir syklet ichi zouhour itdiguinden, sizi daqhi ziiadé bekleïemedy.　سزه سلامی وار انجق بر ثقلت ایشی ظهور ایتدیکندن سزی دخی زیاده بکلیه مدی　Il m'a chargé de vous faire ses excuses, mais qu'une affaire, qu'il a, l'empechoit de vous attendre plus long-tems.

Bir pek e'iu adem dur.　بر پك ایو ادم در　C'est un fort honnete homme.

DIALOGVES

Iazyk ki ben anun ilé gueuruchemedum.	يازق كه بن انكله كوروشه مدم	Je suis fâché de ne l'avoir pas rencontré.
Héi kardacheler, bou baghtché seuzunuz warmi? beïendinuzmi?	هى قرداشلر بو باغچه يه سوزكز وارمى بكندى كزمى	He bien, messieurs, que dites vous de ce jardin, vous plaît'il?
Her durlu aghadgeden, we tchitchekden, we meïweden boulounur.	هر دورلو اغاجدن وچچكدن وميوه دن بولنور	On y voit toutes sortes d'arbres, de fleurs, & de fruits.
Guezinédgek ïerleri pek guzel durlar.	كزنه جك يرلرى پك كوزلدرلر	Ces allées sont charmantes.
Chou tchitchekligui pek beïendum.	شو چچكلكى پك بكندم	Le parterre des fleurs me plaît beaucoup.
Touroundge aghadgeleri nerede dur.	تورنج اغاجلرى نره ده در	Ou est l'orangerie?
Ichete chou ianadé dur.	ايشته شو يكاد در	La voicy de ce côté cy.
Doghrou seuïlemeli beuïlé guzel baghtché kit boulounur.	طوغرو سويلملى بويله كوزل باغچه قط بولنور	Il faut l'avouer, il ne se trouve guerre de jardin aussi joli, que celuy-cy.
Bou zemandé seïr pek eïu dur.	بو زمانده سير پك ايو در	Dans la saison, ou nous sommes la promenade est salutaire.
Iarin guené guelur bir zewk sureriz.	يارن كنه كلور بر ذوق سوره رز	Demain nous reviendrons pour nous y divertir.

Agh-

	DIALOGVES	
Aqhmed agha ilbile a-lyrum.	احمد اغاى بيله الورم	j'ameneray avec moy, Monsieur Aqhmet.
Sizun bounda boulou-nadgiaghin-izi ichidir-sa sewiné sewinc̀ gue-lur; we bilurum ki ana qhaber wirmesem, da-rylur.	سزك بونده بولنه جغكزى ايشدرسه سوينه سوينه كلورو بلورم كدا كاخبر ويرمسم طاريلور	Lorsqu'il sçaura, que vous devez vous trou-ver icy, il viendra a-vec plaisir. Il seroit même faché, si je ne l'auertissois pas.
Allaha ismarladuk a-ghaler.	الله اصمرلدك اغالى	Vôtre serviteur, Mes-sieurs.
Allah bilendgé ol-soun.	الله بيلكجه اولسون	Dieu vous accompag-ne.

ALTINDGI MV-KIALEMÉ.

التنجى مكالمه

6-me DIALOGVE.

Oïoun oïnamak uzré.	اوين اوينمق اوزره	pour jouer.
Qhoche gueldun Mu-ſtapha Agha.	خوش كلدك مصطفى اغا	soyez le bien venu, Mon-sieur Mouſtapha.
Qhoche boulduk soul-tanum.	خوش بولدق سلطانم	Soyez le bien trouvé, Monsieur.
Aqhmed Agha bile-mi dur?	احمد اغا بيله ميدر	Aves vous amené avec vous monsieur Aqh-met?
Ichete guelïieur.	ايشته كليور	Le voicy qui vient.
Sabahyn-uz qhaïr ola	صباحكز خيراولا	Monsieur Aqhmet, je Ach

DIALOGVES.

Aqhmed Agha.	احمد اغا	vous souhaite le bon jour.
Akybetun-uz qhaïr ola Soultanum.	عاقبتكز خير اولا سلطانم	Bon jour Monsieur.
Dun doftlar sizi pek arzulediler.	دون دوستلر سزی پك ارزولدیلر	Hier vos amis vous souhaitoient passionnement.
Size we anlara ziiade memnoun oldoum.	سزه واذلاره زیاده ممنون اولدم	je leur suis fort obligé aussi bien qu'à vous, Monsieur.
Bou gun kanda durlar.	بو کون قنده درلر	Ou sont ils donc aujourd'huy?
Chimdi guelurler.	شیمدی کلورلر	Ils viendront toute à l'heure.
Anlar guelindgéïedek biz bir oïoun oïnaïalum.	انلر کلنجیه دك بز بر اوین اوینیلوم	En attendant, qu'ils viennent, joüons une partie.
Pek eïu, soultanum, oïnaïalum.	پك ایو سلطانم اوینیلوم	Tres volontiers, Monsieur, joüons.
Kiaghid guetourun Bakalum kim taksim ider.	کاغد کتورك باقلوم کیم تقسیم ایدر	Donnez nous de cartes, voyons, qui fera.
Ben idedgeguim.	بن ایدجکم	C'est a moy a faire.
Qhaïr, soultanum, ben idedgeguim.	خیر سلطانم بن ایدجکم	Monsieur, vous me pardonnerez, c'est a moy.

Kia-

DIALOGVES

Kiaghidleri bir eiu ka-richedur.	كاغدلری برايوقارشدر	Mêlés bien les cartes.
kes Sultanum.	كس سلطانم	Coupés, Monsieur.
Ne fena kiaghidlerim war!	نه فنا كاغدلرم وار	ô le mauvais jeu, que j'ay!
Dediguin kadar fena deïul.	دديكك قدر فنا دكل	vous ne l'avez pas si mauvais, que vous le dites.
Al dgianim.	ال جانم	Prenez, Monsieur.
Sizé pek guzel kiaghid guelmiche.	سزه پك كوزل كاغد كلمش	vous avez le plus beau jeu du monde.
Bir eïu Kiaghidim iok.	برايو كاغدم يوق	je n'ai pas une seule carte, qui soit bonne.
Oïunda senun baqhtun atchik dur.	اويندە سنك بختك اچقدر	vous êtes heureux dans le jeu.
Deimdi oumoudini kes mé.	دى أمدى اميديكى كسمە	Courage, Monsieur, ne vous desesperez pas.
Qhaïr beuïle kiaghid ile senun ile bacha tchi kylmaz.	خير بويله كاغد ايله سنكله باشە چقلماز	Non, il n'y a pas moyen de tenir contre vous avec un si mauuais jeu
Belki bou oïounda baqhtun atchila.	بلكە بو اويندە بختك اچله	peutetre serez vous plus heureux cette fois-cy
Bir oïoun daqhi oï-naïalum, agha.	بر اوين دخى اوينيلوم اغا	Allons, monsieur votre revanche.
Qhaïr bou gun ïeti-chir oïnaduk.	خير بوكونى يتشر اويندق	Non, monsieur, en voi-cy assez pour aujourd'huy

DIALOGVES

IEDINDGI MVKIA- يدنجى مكالمه 7.me DIALOGVE.
LEMÉ.

Iki doſt arasinda.	ایكی دوست ارسنده	Entre deux amis.
Agha sizi bir kimsé is-	اغاسزی بر کمسه استیور	Monsieur, une personne vous demande.
teïor.		
Seuilé guelsyn itcheri.	سویله کلسون ایچری	Faites la entrer.
Sabahynuz qhaïr ola.	صباحكز خیر اولا	Bon jour, monsieur.
Akibetunuz qhaïr ola.	عاقبتكز خیر اولا	vôtre serviteur, monsieur.
Aghaïé bir iskemli gue-	اغایه بر اسکملی کتور	Apportés un siége a monsieur
tur.		
Lazim deïul.	لازم دکل	je n'en ai pas besoin.
meazour ola, bounda	معذور اوله بونده چوق	Excusés moi, je ne puis pas m'arrêter long-
tchiok eïlenemem.	اکلنمم	tems icy.
Chounda ïakyn bir	شونده یقین بر دوستك	Il faut que j'aille ren-
doſtun ziïaretiné guit-	زیارتنه کیتسم کرك	dre une visite a un de
sem guerek.		mes amis icy proche.
Né pek ewetlersyn, bir	نه پك ایوتلرسك بر از اوتور	vous êtes bien preſſé,
az otour, bir tatlu mou-	بر طتلو مصاحبت ایده لوم	aſſoyés vous un mo-
sahibet idelum.		ment, que nous puiſſi-
		ons parler ensemble.
Nidgesynuz soultanum.	نیجه سکز سلطانم	Comment se porte monsieur.

eius

DIALOGVES

Eiu qhoche, soulta-num, qhatyrin-uzi sor-magha gueldum.	ایو خوش سلطانم خاطرکزی صورمغه کلدم	Fort bien, monsieur, je suis venu icy pour sçavoir l'état de vôtre santé.
Allah razi ola, Soulta-num, allah eumrun-uzi tchiok eileïé.	الله راضی اوله سلطانم الله عمرکزی چوق ایلیه	je vous suis fort obligé, monsieur, Dieu vous donne une longue vie.
Bir qhaberin iokmi?	برخبرك يوقمى	Ne sçavez vous point quelques nouvelles?
Hitche iokdur, belkim sizdé ieni qhaberler war dur.	هیچ یوقدر بلکم سزده یکی خبرلر وردر	je n'en sçay point du tout, peutêtre en sçaurés vous quelqu'une.
Filan pacha meazoul ol-miche dediler.	فلان پاشا معزول اولمش ددیلر	On dit que N. pacha a été deposé de son gouvernement.
Deïmedé, zira vizirin gueuzundé dur; we asker ani sewer.	دکمده وزیر اوزرك کوزنده در وعسکرانی سور	je ne le crois pas; car il est bien venu chez le vizir, & il est aimé des soldats.
Bir pek eïu adem dur, akylli dur, dgieumerd dur.	بر پك ایو ادمدر عقللیدر جومرددر	C'est un tres honnête homme, un tres bel esprit, & il est liberal.
kimseïé zarari dokoun-maz, we hepsinun eïli-ïini ister.	کسه یه ضرری طوقنمز وهیسینك ایلکی ایستر	Il ne nuit a personne, & fait du bien a tout le monde.

fakir-

DIALOGVES

Fakirlerin babasi dur, we soutche-souzlerin kouttaridgisi dur.	فقيرلرك باباسيدر وصوچسزلرك قورتارجيسيدر	Il est le pere des pauvres, & le protecteur des innocens.
Anun meazoul oldoughi tchiok adama zarar guetourur.	انك معزول اولدوغى چوق ادمه ضرر كتورر	Sa deposition sera a plusieurs de grand prejudice.
Guertchek syn, agha, anun eïliklerini tchiok ichitdim.	كرچكسك اغا انك ايلكلرينى چوق استدم	Il est vray, monsieur, j'ai entendu parler de lui en bonne part.
Dunianun eïliïni seuïleïeurlar.	دنيانك ايلكنى سويليورلر	On en dit tout le bien du monde.
Iazik ki euïle adem baqhtsiz, talehsiz ola.	يازق كه اويله ادم بختسز طالعسز اوله	C'est dommage, qu'un homme de ce merite soit malheureux.
Andgiak kim dur kapouda.	انجق كيمدر قپوده	Mais qui est a la porte.
Bir tchiokadar dur.	بر چوقه دار در	C'est un valet.
Bou waktunuz qhaïr ola, aghaler.	بو وقتكز خير اوله اغالر	Je vous souhaite le bonjour messieurs.
Aghamin size selami war, chou mektube nazer bouïourun.	اغامك سزه سلامى وار شو مكتوبه نظر بيورك	Mon maître m'a chargé de vous faire ses compliments, & de vous remettre en meme tems cette lettre.
Aghana benden tchiok selam eile, we di ki	اغاكزه بندن چوق سلام ايله ودى كه	Saluës de ma part vôtre maître, & dites lui.

iarin didigui ierdé bou-lounourum.	يارن ديدكى يرده بولنرم	que demain je me trou-veray a point nommé ou il m'attend.
Bou mektubi kim iol-lady sana?	بومكتوبى كيم يوللدى سكا	Qui vous a envoyé cet-te lettre?
Aqhmedun kardachi iollady, beni awa da-wet ideieur.	احمدك قرداشى يوللدى بنى اوه دعوت ايديور	c'est le frere d'Aqh-met, il m'invite a une partie de chasse.
Benda sizun ilé guelme-ié pek isterum.	بنده سزك ايله كلمكه پك استرم	j'auray du plaisir a ê-tre aussi de la partie.
Qhoche gueldunuz, se-fa gueldunuz.	خوش كلدیكز صفا كلدیكز	vous serez le bien ve-nu.
Bari iarin bir zewk i-deriz.	بارى يارن بر ذوق ایدرز	Demain nous nous di-vertirons ensemble.
Guideim imdi, her chei hazyrlaim.	كیده یم ایدی هر شى حاضرلیم	je m'en vais donc prepa-rer toutes choses pour cela.
Pek eiu, soultanum; al-lah bilendgé olsoun.	پك ایو سلطانم الله بیلنكچه اولسون	Tresbien, monsieur; Dieu vous accompagne.
SEKIZINDGI MV-KIALEMÉ.	سكزنجى مكالمه	8.me DIALOGVE.
Awuzré.	او اوزره	De la chasse.
Nidgé daqhi bou saatdé deuchekdésyniz?	نجه دخى بو ساعتده دوشكده سیكز	Comment a cette heu-re cy nous vous trouvons encore a lit?

DIALOGVES.

poh, ne guzel awdgi imiche syn sen!	پوه نه كوزل اوجى ایمشسك سن	Oh! vrayment vous étes un bon chaſſeur
Meazour, bouïouroun, aqhcham guetche ïatdum.	معذور بیورك أخشام كیج یاتدم	Excuſéz moy, je me suis couché un peu tard hier au soir.
Sabah namazinda kalkmiche guerek idun.	صباح نمازنده قالقمش كرك ایدك	vous devriéz être levé à la pointe du jour.
Tchiok oldy-misiz gueleli,	چوق اولدیمی سزكلهلی	Y a-t-il long tems, que vous étes venus?
tchiokdan seni bekleniz.	چوقدن سنی بكلرز	Nous vous attendons depuis long tems.
Tiz kalk.	تیز قلق	Allons vîte, levés vous.
Hawa guzel-mi dur?	هوا كوزلمیدر	Le tems est-il beau?
Hawa bozouk-mi dur?	هوا بوزقمیدر	Le tems est-il mauvais?
Hawa bellu deïul.	هوا بللو دكل	je ne sçauray vous dire, quel tems il fera.
Allah wiré, ïaghmaïa-idy.	اللّه ویره یغمیدی	Plût a Dieu, qu'il ne plû pas.
Deïmedé, ki ïagha.	دیمده كیغه	je ne crois pas, qu'il pleuve.
Rouzghiar iokdur.	روزكار یوقدر	Il ne fait pas de vent.
Her chei hazyr-mi?	هرشئ حاضرمی	Avez vous preparé tout ce qu'il faut?
Haïdé, guidelum.	هایده كیدهلم	Allons, marchons.
Tufenkleri qhyzmetkiarlara wirin gueutursunler	توفنكلری خدمتكاره ویرك كوتورسونلر	Donnéz aux valets les fusils a porter.

Baroutí ounoutmaïn-uz.	باروتی اونتمکر	N'oubliez pas de prendre la poudre.
Nekadar kourchoun aldyn-uz?	نقدر قورشون الدیکز	Combien de bales avez vous achetées?
Lazím oladgiak kadar war dur.	لازم اوله جق قدر واردر	Nous en avons autant qu'il faut.
Tazylari bana wirin, toutaïm.	تازیلری بکا ویرک طوتایم	Donnez, que je tienne les chiens de chasse.
Her biriné ierini beïan eilé.	هر برینه یرینی بیان ایله	Assignez a un chacun l'endroit, qu'il doit occuper.
Her kes istedugui ieri alsyn.	هر کس استدوکی یری السون	Qu'on prenne celuy qu'on voudra.
Ouzagha guitmeielum, ichété bou ormanda aw top tolou dur.	اوزاغه کیتمیه لم اشته بو اورمانده او طولودر	pourquoy aller plus loin, voicy cette forêt qui est toute pleine de gibier.
Bir ezden bonlouchouruz; we toutdonghymuz chikiarlari ieriz.	برازدن بولشرز و طوتدوغمز شکارلری یرز	Aprés quelque tems nous nous retrouverons, & nous mangerons ensemble nôtre proye.
Doghrou seuïleim-mi tchiokdan beuïlé bir aw itmemiche idum.	طوغرو سویلیم می چوقدن بویله برا و ایتمش ایدم	voulez vous que je vous dise la verité, depuis long tems je n'avois fait une si bonne chasse.

Tche-

DIALOGVES. 167

Tchelebi kardachin ne guzel tufenk ataridy.	چلبی قرداشکڭه کوزل توفنک اتردی	Monsieur vôtre frere tire tres bien.
Hemen nichanladughy ïeri ourouridy.	همان نشانلدوغی یری اورر ایدی	Qu'il visoit droit!
Latifé ider-synuz.	لطیفه ایدرسکز	vous vous moquès.
Haïdé guidelum, bir zewk surelum.	هایده کیدلم بر ذوق سوره لم	Allons, retirons nous, & divertiſſons nous.

DOKOVZINDGI MV-　طقوزنجی مکالمه　9.me DIALOGVE,
KIALEME.

Agha ilé qhyzmetkiar.	اغا ایله خذمتکار	Le maître avec le valet
Brehou, oghlan, tchaghira tchaghira sesim boghouldy.	بره هوا وغلان چاغره چاغره سسم بوغلدی	Hola, garçon, je me suis egosillé a force de crier,
Lebeïk Soultanum.	لبیک سلطانم	plait-il, monsieur.
Bir ateche eïlé.	بر آتش ایله	Allons, faites du feu.
Kalpaghimi wir.	قلپغمی ویر	Donnés moy mon bonnet.
Tchiokami silk.	چوقه می سلك	secqués mon manteau
Papoudgelarimi sil.	پاپوجلری می سیل	Nettoyez mes souliers
Pendgéréléri atche ki oda ruzghiarlausyn.	پنجره لری اچ که اوطه روزکارلنسون	Ouvrés les fenêtres pour donner de l'air a la chambre.
Bache uftuné, soulta-num.	باش اوستنه سلطانم	Tres volontiers, Monsieur.

Tiz eilé imdi.	تيز ايله ايدى	Faites donc vîte.
Bou cheïleri, ben sena dimeden, itmek guerek idun.	بو شيلرى بن سكا ديدين ايتمك كركايدك	vous devriés avoir fait tout cela, sans que je vous le dise.
Deuchegui kaldyr.	دوشكى قالدر	Accommodez le lit.
Odaï supur.	اوطه ىى سپور	Balayés la chambre.
Bir sou guetur elimi iaïkaïm.	برصو كتورالمى ىقيم	Appotés moy de l'eau, pour me laver les mains.
Iuz pechekiri bana wir.	يوز پشكرى بكاوير	Donnés moy l'essui-main.
Bougun ewdé iemem, doltumbirisi beni euïlé mandgiasina dawet itdi; eïer bir cheï lazim ise sisc,alyn we ïein.	بوكون اوده يىم دوستك بريسى نى اويله ما نجه سنه دعوت ايتدى اكر برشئ لازم ايسه سزه الك ويىك	Aujourd'huy je ne mange pas a la maison, un de mes amis m'a invité a diner chez luy; si vous avez besoin de quelque chose, achetez & mangez.
Chimdilik bilemdgé guel dawet itdikleri ïeredek.	شمدى لك بلجه كل دعوت ايتدكلرى يره دك	Mais suivés moy auparavant jusqu'a l'endroit, ou je suis invité.
Andan son-ra ewé deun her cheï ïerlu ïerindgé ko, odalari temizlé belkim doſtun birisi guelé.	اندن صكره اوه دوك هرشيىى يرلو ىنجه قو اوطه لرى ىزله بلكم دوستك بريسى كله	Ensuite retournés vîte a la maison, arangez tout, accommodez bien les chambres, peutétre viendra-t-il quelqu'un pour me voir.
Bache uſtuné soultanum.	باش اوستنه سلطانم	Tres volontiers, Monsieur.

DIALOGVES

ONOVNDGI MVKIA-LEM'E.
اونجی مكالمه
10.me. DIALOGVE

Seïr uzré.	سیر اوزره	De la promenade.
Bré oghlan.	برہ اوغلان	Hola, garçon.
Lebeïk, soultanum.	لبیك سلطانم	plait-il, monsieur.
war Ali tchelebiïedi ki bouraïa guelsun.	وارعلی چلبی یه دی که بورایه كلسون	Allés dire a monsieur Ali, qu'il vienne icy.
Ichete guelïieur.	ایشته كلیور	Le voicy, qui vient.
Eïu gueldun tchelebi. oghlani sana iollasam guerek idy.	ایو کلدك چلبی اوغلانی سكا یوللسم كرك ایدی	Monsieur, vous venés tout a propos, j'allois vous envoyer mon garçon.
Nitchiun? bir qhidme-tinuzde lazim-mi iz?	نیچون بر خدمتكزده لازم میوز	pour quoy donc? puis-je vous servir en quelque chose?
Qhaïr, andgiak chou hawanun guzellighine bak.	خیر انجق شو هوانك کوزللكنه بق	Non, mais regardés ce beau tems.
Beuïlé hawada ewdé dourmak laïk midur?	بویله هواده اوده طورمق لایقمیدر	Convient-il de rester a la maison avec un si beau tems.
Ia ne ïapalum? Guelseïré guidélum.	یانه یپالم كل سیره كیدہ لم	Et bien que ferons nous? Allons nous en a la promenade.

BOu

DIALOGVES

Turkish (Latin)	Arabic script	French
Bou gun seiré guidemem, ichedgieguezim war.	بوكون سيره كيده مم اشجكزم وار	je ne puis pas y aller aujourd'huy, pour de certaines affaires, que j'ai.
Ichelerin ol kadar bedgid deiul dur ki, iarina brakmaiasyn.	ايشلرك اولقدر بجد دكلدر كه يارنه براقميه سك	vos affaires ne sont pas si pressees, pour ne les pas differer jusqu'à demain.
Dunia kadar ichin olsa, ben bou gun seni koiouwirmem.	دنيا قدر ايشك اولسه بن بوكون سني قويورم	Quand vous auriés toutes les affaires du monde, je ne vous laisseray pas aujourd'huy.
Sebeb doutma, chou guzel hawaii katchirmaialum.	سبب دوتمه شو كوزل هوايي قاجرميه لم	Laissés là toutes vos excuses: profitons d'un si beau tems.
Bou gun idedgei'hi iarinda ide bilursyn.	بوكون ايده جكني يارنده ايده بلورسك	vous ferés vos affaires aussi bien demain qu'aujourd'huy.
Qhizmetkiarimi kaik toutmagha iollamichim.	خذمتكاريمي قيق طوتمغه يوللمشم	j'ai deja envoyé le valet, pour prendre un bateau.
Tchiun-ki elbetde istersyn, sana ioldache olaim.	چونكه البته ايسترسك سكا يولداش اوليم	Soit, puis que vous le voulés absolument, je vous accompagneray.
Kaigha ioIladyghim qhizmetkiar ne pek guedgikdi?	قايغه يوللديغم خذمتكارم پك كيجكدي	Le valet que j'ai envoyé au bateau, tarde bien à venir.

DIALOGVES

Iche té seirderek guéliïeur.	استنه سكردك كليور	Le voicy, qui vient en courant.
Kaïk bouldun-mi?	قايق بولدكى	Avés vous trouvé un bateau?
Ewet, soultanum, bir pek eïusini bouldum.	اوت سلطانم بر پك ايوسنى بولدم	Ouy, monsieur, j'en ai trouvé un fort bon.
Katchia toutdun?	قچه طوتدك	Pour combien êtes vous convenû?
Bir zolotaïa toutdum.	بر زلوته يه طوتدم	je suis convenû a une izelote.
Her cheïi hazir itdun-mi?	هرشى حاضر اتدكمى	Avés vous preparé tout ce qu'il faut?
Hazir dur, soultanum.	حاضردر سلطانم	Tout est prêt, monsieur.
Imdi anlari kaïgha gueundur.	ایمدى انلرى قايغه كوندر	Faites donc tout porter au bateau.
Tiz guidélum ki, isydgiagha kalmaïalum.	تيز كيدلم كه اسيجاغه قالميه لم	Depechons nous, que nous ne restions pas a la chaleur.
Haïdé guidelum, tchelebi, kardachina oghraialum.	هايده كيده لم چلبى قرداشنه اوغرايه لم	partons, monsieur, allons trouver monsieur, vôtre frere.
Bolaïki anida aïardaiduk.	بولايكه انيدا ايارديمدك	Voyons, si nous le pouvons debaucher.
pek eïu, soultanum.	پك ايو سلطانم	Comme il vous plaira, monsieur.

Tchick

DIALOGVES

Tchiok eïlenmeziz, ïolounuzin uftundé dur.	چوق اكلنمزز يولزك اوستنده در	Nous ne nous y attêterons pas, c'eſt ſur nôtre chemin.
Sabahynuz qhaïr ola, ſoultanum.	صباحكز خير اولا سلطانم	je vous ſouhaite le bon jour, monſieur.
Qhoche gueldunuz aghaler.	خوش كلدكز اغالر	Soyez les bien venûs, Meſſieurs.
Haïdé guel bilemiztché.	هايده كل بيلمزجه	Allons venés avec nous.
Neredgié guideïeurſynuz?	نره جكه كيديورسكز	Ou allés vous, comme cela?
Seïré guidélum.	سيره كيدهلم	Allons a la promenade.
Pek eïu, ſoultanum, guidélum.	پك ايو سلطانم كيدهلم	Trés volontiers, meſsieurs, allons.
Guirin, aghaler.	كيرك اغالر	Entrés, meſſieurs.
Ichété Orta keuïé guelduk.	اشته اورته كويه كلدك	Nous voilà a Orta keuï.
Bourada inélum, we bagthcheïé guidélum.	بورادا اينهلم وباغچهيه كيدهلم	Deſcendons icy, & allons au jardin.
Pek eïu, euïlé olsoun.	پك ايو اويله اولسون	Fort bien, je ſuis de vôtre ſentiment.
Bré oghlan, mandgiaïi alda bilemiztché guel.	برە اوغلان مانجهيي الده بيلمزچه كل	Hola, garçon, portez la proviſion avec vous, & ſuivez nous.
Ichété baghtcheïé guelduk.	اشته باغچهيه كلدك	Nous voila arrivez au jardin.

Heï

DIALOGVES 173

Heï ne dir syn, bou ïer-dgiez eïu deïul-mi?	هی نه دیرسك بویر جكرایو دكلمی	Eh bien, n'y a-t-il pas plaisir a être icy?
Otouralum, aghaler, we bir lokma cheï ïeïe-lum.	اوتورالم اغالر و برلقمه شئ ییه لم	Asseïons nous, Messieurs & faisons une petite collation.
Charabi guetur.	شرابی كتور	Apportés le vin.
pek guzel ïer dur.	پك كوزل یردر	C'est un fort joli endroit.
var bostandgia seuïle bizé bir az ïemiche guetursun.	وار بوستانجیه سویله بزه ازیش كتورسون	va dire au jardinier de nous apporter un peu de fruit.
Ben ana ismarladum, guitdi koparmagha.	بن اكا اسمرلدم كیتدی قوپرمغه	je luy ai déja recommandé. il en est allé cueillir.
Icheté gueliïeur.	اشته كلیور	Le voila, qui vient.
Qhoche gueldun-uz, aghaler, sizé tourfanda kires gueturdum.	خوش كلدكز اغالر سزه طورفانده كراس كتوردم	soyés les bien venûs, Messieurs: je vous apporte des cerises, & du nouveau fruit.
chimdidgik kopardum; tazé durlar.	شمدجك قوپردم تازه درلر	je viens de les cueillir presentement; elles sont fort fraiches.
Guzel kires dur.	كوزل كراسدر	Les cerises sont fort bonnes.
Biraz baghtché dé gue-zelum, son-ra kaïgha deuncriz.	براز باغچه ده كزه لم صكره قیغه دونه رز	Faisons quelques tours dans le jardin, après quoy nous retournerons au bateau.

Haidé guezinerek guidelum.	هايده كزنه رك كيدهلم	Allons, retournons en nous promenant.
Tchek boghaza doghrou.	چك بوغازه طوغري	Tirés vers l'embouchure du canal.
Arnawoud keuiuné guelduk.	ارناودكوىينه كلدك	Nous sommes venus devant Arnavout keuï.
Icheté Buiuk Deré.	استه بيوك دره	Voicy buiuk Teré.
Enelum-mi ? seiri pek guzel dur.	اينه لم مى سيرى پك كوزلدر	Voulés vous y descendre ? la promenade en est fort belle.
Butun boghazi kara deniz edek guezelum.	بتون بوغزى قره دكزه دك كزه لم	Promenons nous sur tout le canal jusqu'a la mer noire.
Deunuchedé Anadolidan guétcheruz.	دونشده اناطوليدن كچرز	En retournant, nous repasserons par l'Asie.
Icheté Anadolia guelduk.	استه اناطولى يه كلدك	Nous voila arrivés en Asie.
Chou tchiftlié guirelum.	شو چفتلكه كيره لم	Entrons dans cette maison de campagne.
Charabin war mi daqhi,	شرابك وارمى دخى	Avez vous encore quelques bouteilles de vin.
Ewet soultanum, iki chiché daqhi war.	اوت سلطانم ايكى شيشه دخى وار	Ouy, Monsieur, en voicy deux.
Guitmezden ewel itchelum.	كيتمزدن أول يچه لم	Buvons les avant que de partir.

DIALOGVES.

ONBIRINDGI MV-KIALEME'.	اون برنجی مكالمه	IIme. DIALOGVE.
Turktché seuïlemek uzré.	تورکچه سویلمك اوزره	Pour parler en Turc.
Ne mutli sena ki boukadar dil bilursyn!	نه موتلی سکا که بوقدر دیل بلورسن	Que vous êtes heureux de sçavoir tant de langues!
Allah wirsyn sendé eughrenesyn.	اللّه ویرسون سنده اوکرنه سك	Dieu fasse, que vous les appreniés aussi.
Anlari bilmek pek lazim dur.	انلری بلمك پك لازمدر	Elles sont fort necessaires a sçavoir.
Guertchek seuïlersyn; anun itchiun ridgia ideruz ki, bizé Turktché eughredesyn.	گرچك سویلرسك انك ایچون رجا ایدرز که بزه تورکچه اوکرده سك	vous dites vray: c'est pourquoy je vous prie de m'apprendre la langue Turque.
Turktcheï kiamil bilursyn, dirler.	تورکچه یی كامل بیلورسك درلر	On dit que vous parlés parfaitement bien en Turc.
Allah wiré euïle olaïdy!	اللّه ویره اویله اولیدی	plût a Dieu qu'il fût vray!
Inan ki, bana euïlé didiler.	اینان که بکا اویله دیدیلر	je vous assure qu'on me l'a dit.
Belki ezberden eughrendighim bir katche seuzi seuïlemiche olam.	بلكی ازبردن اوکرندیغم بر چ سوزی سویلمش اولم	peut être j'ai dit quelques mots, que j'ai appris par cœur.

Ol.

Olkadar seuïlemeïè ïetichir.	اولقدر سويلمىه يتشر	cela suffit pour commencer a parler.
seuïlediklerimi anglamaz-mi syn?	سويلديكلريمى انكلامىسك	N'entendez vous pas ce que je dis?
Anglarim, andgiak seuïleïemem.	انكلارم انجق سويليهمم	j'entens bien; mais je ne sçauray parler.
Guidé guidé kolaï eughrenirsyn.	كيده كيده قولاى اوكرنرسك	vous parlerez facilement avec le tems.
Turktché eïu seuïlemek itchiun syksyk seuïlemek guerek.	توركچه ايو سويلمك ايچون صق صق سويلمك كرك	pour bien parler en Turc, il faut parler souvent.
syksyk seuïlemek itchiun, bir az bilmek guerek.	صق صق سويلمك ايچون بر از بلمك كرك	pour parler souvent, il faut en sçavoir quelque chose.
eïu fena daïma seuïle.	ايو فنا ديمه سويله	Bien, ou mal, parlez toujours.
Ianliche seuïlemeïè korkarim.	يكلش سويلمكه قورقرم	j'apprehende de faire des fautes.
Korkma; turktché seuïlemek olkadar gutché deïul.	قورقمه توركچه سويلمك اولقدر كوج دكل	N'apprehendez pas; la langue Turque n'est pas si difficile.
Ianliche seuïlersem, beni masqhara iderler.	يكلش سويلرسم بنى مسخره ايدرلر	Si je parle mal, on se moquera de moy.
Bilmez-mi syn ki, ianliche seuïlemeïndgé, eïu seuïlemeïè enghrenilmez.	بلمىسك كه يكلش سويلمىجه ايو سويلمك اوكرنمز	Ne sçavez vous pas, que pour bien parler, il faut commencer par mal parler.
Guertchek syn.	كرجكسك	Cela est vray.

DIALOGVES 177

ONIKINDGI MU- اون ابكنجي مكالمه 12.me DIALOGVE
KIALEME.

Hava uzeriné.   هوا اوزرينه   Du Tems.

Hava ne asyl dur?   هوا نه اصلدر   Quel tems fait-il?
Hava bouzouk dur.   هوا بوزقدر   Il fait mauvais tems.
Hava guzel dur.   هوا كوزلدر   Il fait beau tems.
Hava soouk-midur?   هوا صوق ميدر   Fait-il froid?
Hava isydgiak dur.   هوا اسيجافدر   Il fait chaud.
Iaghmour iaghaïeur   يغمور يغيور كبي   Je crois, qu'il pleut.
    guibi.
Deïmedé.   دكمده   Je ne crois pas.
Rouzguiar deïchildi.   روزكار دكشلدى   Le vent est changé.
Bou gun iaghmour   بوكون يغمور يغمز   Il ne pleuvera pas au-
    iaghmaz.   jourd'huy.
Gueuk gurleïeur.   كوك كوراميور   Il tonne.
Dolou iaghaïeur.   طولو يغيور   Il grêle.
Chimchek oïnaïeur.   شمشك اوينيور   Il fait des éclairs.
Bou guedgé thondy-mi?   بوكجه طوڭدىمى   A-t-il gelé cette nuit?
Qhaïr; amma chimdi   خير اما شمدى طوكيور   Non; mais il gele a
    thon-aïeur.   cette heure.
Pous war dur guibi.   پوس واردركى   Il me semble qu'il fait
     un grand brouillard.
Euilé dur.   اويله در   Vous ne vous trompés
     pas.

DIALOGVES.

ON VTCHIVNDGI MV- | اون اوچنجی مكالمه | **13-me. DIALOGVE.**
KIALEME.

Turkish (Latin)	Arabic	French
Qhaber uzré.	خبر اوزره	Des nouvelles.
Ne qhaber?	نه خبر	Que dit-on de nouveau?
Bir qhaberin iok-mi?	بر خبرك يوقمى	Ne sçavez vous rien de nouveau?
Hitche bir chei ichitmedum.	هیچ برشئ ایشتمدم	Je n'ai rien entendu.
Ne dirler?	نه ديرلر	De quoy parlet'on?
Bizum seferimuz war dur diiu ichitdun-mi?	بزم سفرمز واردر ديو ايشتدك مى	Avés vous oüi dire, que nous avons la guerre.
Ichitmedum.	ایشتمدم	je n'ai rien oüi dire.
Beazi duchemen uzeriné sefer oladgiak dur didiler.	بعضى دشمن اوزرنه سفر اولاجقدر ديديلر	On dit, que la guerre est declarée aux ennemis.
Dirler idy; andgiak asly iok dur.	ديرلر ايدى انجق اصلى يوقدر	On le disoit, mais c'est un faux bruit.
Bariche oladgiak didiler.	بارش اولاجق ديديلر	On parloit de la paix.
Bariche oladgiaghini inandun-mi?	بارش اولاجغنى اينانركمى	Croyés vous, que nous aurons la paix?
Euile sanirum.	اويله صانرم	je le crois ainsi.
Kiaghidler ne dirler?	كاغدلر نه ديرلر	Qu'en disent les gazettes?

Ne-

DIALOGUES

Ne zeman kalkadgiak asker?	نه زمان قالقه جق عسكر	Quand croit-on, que l'armée partira
Bellu deïul.	بللو دكل	On ne sçait pas.
Dimezler-mi nereïe guidedgek?	ديمزلرمى نره يه كيده جك	Ne dit-on pas où elle ira?
Allighornaïé guidedgek dirler.	اليغورنه يه كيده جك ديرلر	On dit qu'elle doit marcher vers Livourne.
Falan aghaden euturi didikleri guertchek-mi dur?	فلان اغادن اوتورى ديدكلرى كرچكميدر	Est-il vray, ce qu'on dit de monsieur N.
Né dirler?	نه ديرلر	Que dit-on?
Ouroulmiche didiler.	اورلمش ديديلر	On dit qu'il a été blessé
Iazyk; zira pek ciu adem dur.	يازق زيرا پك ايو ادمدر	j'en suis faché; car c'est un honnête homme.
Kim ourdy?	كيم اوردى	Qui l'a blessé?
Iki asyladgiak.	ايكى اصلجق	Deux fripons.
Sebebi bilinmez-mi?	سببى بلنمزمى	Ne sçait'on pas pourquoy?
Bir sillé ourdoughy itchiun didiler.	برسله اوردوغى ايچون ديديلر	On dit que c'est pour avoir donné un soufflet.
Inanmam.	انانمم	Je ne le crois pas.
Bendé inanamam.	بنده انانمم	Ni moi non plus.
Guertchegui tiz douioulur.	كرچكى تيز طويلور	La verité se sçaura bientôt.

ON

DIALOGVES

ONDEVRDVNDGI أون دوردنجی مکالمه   14. me. DIALOGVE.
MVKIALEMÉ.

Turkish (Latin)	Turkish (Arabic)	French
Iazmak uzré.	یازمق اوزره	pour ecrire.
Kiaghid ilé kalem we murekkeb wir bana.	کاغد ایله قلم و مرکب ویر بکا	Donnez moy une feuille de papier, une plume, & un peu d'encre.
Odaïa guirin, ifteduklerin-izi bouloursyn-uz.	اوطه یه کیرك استدکاریکزی بولورسکز	Entrez dans mon cabinet; vous y trouverez tout ce que vous demandez.
Kalem iokdur.	قلم یوقدر	Il n'y a pas de plume.
Dividin itchindé war dur.	دویتك ایچنده واردر	Il y en a dans l'ecritoire.
Eiu deïuller.	ایو دکلر	Elles ne valent rien.
Icheté sana ghaïri kalem.	ایشته سکا غیری قلم	En voicy d'autres.
Kesilmemiche durlar.	کسلمه مشدرلر	Elles ne sont pas taillées.
Kalemtrachin kani?	قلمتراشك قنی	Ou est vôtre canif?
Kalem kesmeïé bilur-mi-syn?	قلم کسمکه بلورمیسك	Sçavez-vous tailler les plumes.
Bana gueuré keserim.	بکا کوره کسرم	je les taille à ma maniere.

Bou

DIALOGVES.

Bou kalem kem deïul.	بو قلم كم دكل	celle-cy n'est pas mauvaise.
Ben chou mektubi bitirindgé, sen ol birleri baghla.	بن شو مكتوبى بيتورنجه سن اول برلرى بغله	Tandis que j'acheveray cette lettre, faites moi la grace de faire un paquet de ces autres.
Ne asyl bal-moumi koïaim?	نه اصل بال مومى قويم	Quelle cire y mettray je?
Kanghisindan istersen.	قنغيسندن استرسك	Mettez-y de la quelle vous voudrez.
Adini iazdun-mi?	اديكى يازدكمى	Avez-vous signé.
Iazdum sanirum; an dgiak tariqhini iazmadum guibi.	يازدم صانرم امجق تاريخنى يازمدمكى	je crois qu'oüy; mais je ne sçais, si j'ay mis la datte.
Aïin katchindgisi dur.	اى قچنجسىدر	Le quantiéme du mois auons nous?
Bou gun aïin onbechi dur.	بوكون اى اون بشيدر	C'est aujourd'huy le quinze du mois.
Rygh kani?	ريك قنى	Ou est la poudre?
Ryghdanda wardur.	ريكداندهواردر	Il y en a dans le poudrier.
Icheté qhydmetkiarin.	اشته خدمتكارك	voila vôtre valet,
Mektubleri menzil-qhaneïé gueutur.	مكتوبلرى منزلخانه يه كوتور	portez mes lettres à la poste.

Onbe.

ONBECHINDGI MU-KIALEMÉ.

اون بشنجی مكالمه ١٥ me. DIALOGUE.

Bir kimseïi sual itmek uzré.	برکسه یی سوأل ایتمك اوزره	Pour s'informer d'une personne.
Kim idy ol Tchelebi, ki senun ilé demin lakyrdi ideïeurdy?	كيم ايدی اول چلبی كه سنكله دمین لاقردی ایدرایدی	Qui est ce Monsieur, qui vous parloit tantôt?
Nemtché dur.	نمچه در	C'est un Allemand.
Ben ani Ingliz zannitdum.	بن انی انكلز ظن ایتدم	Je le croiois Anglois.
Betchelu dur.	بچلودر	Il est de Vienne.
Nemtcheïé gueuré turktché pek eïu seuïler.	نمچه یه كوره توركچه پك ایو سویلر	Pour un Allemand, il parle fort bien en Turc.
Turktché tchiok Musulmanlarden eïu bilur.	توركچه یی چوق مسلمانلردن ایو بلور	Il parle en Turc mieux que plusieurs Turcs mêmes.
Zahir tchiokdan bou wilaïetlerde guezer.	ظاهر چوقدن بو ولایتلرده كزر	Apparemment il y a long tems, qu'il est dans ces pays-cy.
Bechė ildan beru bounda dur.	بش یلدن بروبنده در	Il y a environ cinq ans qu'il est icy.
Bir pek eïu adama benzer.	بر پك ایو آدمه بكزر	Il paroit être un fort honnête homme.
Anun ilé gueuruchemeïé pek haz iderim.	انك ایله كورشمكه پك حظ ایدرم	Je serois bien aise de le connoître.

DIALOGVES 183

Seni anun ilé boulou-chedoururum.	سنی انك ایله بولشدررم	je vous en donneray la connoissance.
Nerédé olour?	نره ده اولور	Ou demeure-til,
Bounda iakyn olour.	بونده یقین اولور	Il demeure icy près.
Né zeman ani selamla-magha guideriz?	نه زمان انی سلاملمغه کیده رز	Quand voulés vous que nous allions le saluer,
Né zeman bouïourour-san.	نه زمان بیوررسك	Quand il vous plaira.
Ichin olmadighy ze-man guideriz.	ایشك اولمدوغی زمان کیده رز	Ce sera quand vous au-rez le tems.
Iarin sabah guidelum.	یارن صباح کیده لم	Nous y irons demain matin.
pek eïu, soultanum.	پك ایو سلطانم	Très volontiers, mon-sieur.

ON ALTYNDGI MV-KIALEMÉ.	أون التنجی مكالمه	16me. DIALOGVE.
Bir cheï satyn almak uzré.	برشئ صتون المق اوزره	pour acheter.
Né iftersyn, agham, ne ararsyn?	نه استرسك اغام نه ارارسك	Que souhaitez vous, Monsieur, que cher-chez vous?
Bir guzel we eïu tchio-ka ifterim.	بر کوزل و ایو چوقه استرم	Je voudrois un bon, & beau drap.

BOU-

	DIALOGVES
Bou̇iour itchéru, iftanbolun en eiu tchiokalari bounda boulounur.	يور ايچرو استانبولك اك ايو چوقه لری بونده بولنور	Entrés, Monſieur, vous verrés icy les plus beaux draps de Conſtantinople.
En eïuſini tchikar.	اك ايوسنى چقار	Montrés moi le meilleur que vous ayez.
Ichete ſana bir eïu tchioka.	اشته سكا بر ايو چوقه	En voicy un tres bon.
Eïu dur; andgiak renguini beïenmedum.	ايودر انجق رنكنى بكنمدم	Il eſt tres bon, mais la couleur ne me plait pas.
Icheté daqhi atchik.	اشته دخى اچق	En voicy une autre piece plus ouverte.
Bou rengui beïendum amma tchiokaſi ïoufka dur.	بو رنكى بكندم اما چوقه سى يوفقه در	J'aime bien cette couleur; mais le drap eſt trop mince.
Bou tchiokaïada bakyn, agha, ghaïri ïerdé boundan eïuſini boulamazſyn.	بو چوقه يه ده بقك اغا غيرى يرده بوندن ايوسنى بولامزسك	Voyez cette piece cy, Monſieur, vous n'en trouverés pas une ſi belle ailleurs.
Archinin katché wirurſyn?	ارشينى پچه ويررسك	Combien me vendrez vous l'aûne?
Olub oladgiaghini seuïleïum-mi, archini utche boutchiouk ghroucha olur?	اولوب اولاجغنى سويليم مى ارشينى اوچ بچوق غروشه اولور	Sans vous ſurfaire d'un ſol, l'aûne vaut trois piaſtres & demie.

Soŋ

	DIALOGVES	
Son lakirdigui seuïlé.	صوڭ لاقردكى سويله	Dites moi le dernier mot.
Bahasini seuïledum.	بهاسنى سويلدم	Je vous ai dit le dernier prix.
Pahalli dur, utche ghrouche wireïm.	بهاليدر اوچ غروش ويره يم	C'est trop cher; je vous en donneray trois piastres.
Bir aktché eksik olmaz.	براقچه اكسك اولمز	Il n'y a pas un sol à rabattre.
Bendé senun istediguini wirmem.	بنده سنڭ استدكڭى ويرمم	Vous n'aurés pas non plus ce que vous demandés.
Eksiïé wiremem.	اكسكه ويرمم	Je ne puis le donner à moins
Deh, choundan iki archin kes.	ده شوندن ایكى ارشین كس	Allons, allons coupez en deux aûnes.
Sana ïemin iderum ki, senun ilé bir faïdam ïok dur.	سكا يمين ايدرم كه سنك ايله برفايده م يوقدر	Je vous jure, que je ne gagne rien avec vous
Kousourimi wir.	قصورمى وير	Donnez moi le reste.
Bou altuni deïchetur.	بو التونى دكشتر	Changés moi ce sequin.
Nitchiun?	نچون	Pourquoy?
Altchiak dur.	الچق در	Il est mauvais.
Ichté bir ghaïrisi.	اشته بر غیریسی	En voicy un autre.
Allaha ismarladuk.	اللهه اصمرلدك	A Dieu.
Allah bilen-dgé olsoun.	الله بيلنجه اولسون	Dieu vous accompagne.

ON

17.me DIALOGVE.

اون يدنجى مكالمه

Du voyage.

Iola guitmek uzré.	يوله كيتمك اوزره	Du voyage.
Boundan Edreneiedek katche mil war dur?	بوندن ادرنه يه دك قاچ ميل واردر	Combien y a-t-il de milles d'icy a Andrinople?
Sekiz mil war.	سكز ميل وار	Il y a huit milles.
Bou gun Edreneié guiré bilour-mi-iz?	بوكون ادرنه يه كيره بلورمیز	Pourrons nous arriver aujourd'huy a Andrinople?
Guidge dur.	كيجدر	Il est trop tard.
Daghi erken dur.	دخى اركندر	Il est encore de bonne heure.
Euilé zemani dur.	اويله زمانيدر	Il n'est que midi.
Ietichirsin-iz.	يتشرسكز	Vous y arriverez.
Iollari guzel-mi dur?	يوللرى كوزل ميدر	Le chemin est-il beau?
Pek euilé dé guzel deiul, soular war guetchédgek.	پك اويله ده كوزل دكل صولر وار كچه جك	Pas trop, il y a des rivieres a passer.
Iollardé korkou war-mi?	يوللرده قورقو وارمى	Y a-t-il du danger sur le chemin?
Bilmem, amma oulou iol dur; oradan daima adem guetcher.	بلم اما اولو يولدر اورادن دايا ادم كچر	Je ne sçais pas; mais c'est un grand chemin, ou il passe du monde a tout moment.

DIALOGUES

Ormanlerdé qhirsiz bou- lounmaz-mi?	اورمانلرده خرسز بولنمزمی	N'y a-t-il point de voleurs dans les bois?
Guidgé we gunduz korkou ïok dur.	كيجه وكوندز قورقو يوقدر	Il n'y a rien a craindre ni de jour, ni de nuit.
Kanghi ïoli toutmalu-iz.	قنغی یولی طوتملویز	Quel chemin faut-il prendre?
Chou dagha ïaklachediguin guibi, saghyni toutarsyn.	شو طاغه یقلشدیکك کبی صاغن طوترسك	Lors que vous serés proche de la montagne vous prendrez a main droite.
Ormanlerdé ïollar gutche-mi dur?	اورمانلرده یولر کوچ میدر	Le chemin est-il difficile dans les bois?
Iolini chachirmazsyn.	یولکی شاشرمزسك	vous ne pouvez pas vous égarer.
Ormanden tchikarsan, solouni toutmagha ounoutmaïasyn.	اورماندن چقارسك صولکی طوتغه اوتمیه سك	Quand vous serez hors du bois, souvenez vous de prendre a main gauche.
Eumrunuz tchiok ola.	عمركز چوق اوله	je vous remercie.
Allah razi ola.	الله راضی اوله	je vous suis fort obligé.
Haïdé, aghaler, ata binélum.	هایده اغالر اته بنه لم	Allons, Messieurs, montons a cheval.
Kalin eïlikler ilé.	قالك ایکلر یله	A Dieu.
Warin saghlik ilé. Allah ïol atchiklighy wiré.	وارك صاغلق ایله الله یول اچقلغی ویره	je vous souhaite une bonne santé, & un heureux voyage.

QN

ONSEKIZINDGI MVKIALEME.

اون سکزنجی مکالمه

18.me DIALOGVE.

Aqhcham mandgiasi, we konak uzré.

اخشام مانجه سی وقوناق اوزره

Du souper, & du logement.

Bouradgikda kona bilurmi-iz?
بوراجکده قونه بلورمیوز
pouvons nous loger icy?

Ewet soultanum, pek eiu odalarimuz, we deucheklerimuz war dur.
اوت سلطانم بك ایو اوطه لرمز ودوشكلرمزه اردر
Ouy, Messieurs, nous avons de belles chambres, & de bons lits.

Enelum, aghalar.
اینه لم اغالر
Descendons, Messieurs.

Atlarimuzi aqhora tchekdir.
اتلرمزی اخوره چکدر
Faites mener nos chevaux a l'ecurie.

Aghalarin atlarini tout, we anlaré moukaïed ol.
اغالرك اتلرینی طوت واتلره مقید اول
prenez les chevaux de ces Messieurs, & ayez en soin.

Bakalum aqhcham mandgiasina bizé ne wirirsyn?
بقلوم اخشام مانجه سنه بزنه ویررسك
ça, voyons, ce que vous nous donnerez pour souper.

Ne istersyn-uz, bouiouroun, aghaler.
نه استرسكز بیورك اغالر
voyez Messieurs, ce qui vous agréera.

Bizé bir tawouk kavourmasi, alty gucuïerdgin, alty bildurdgin, oniki tchiaïr kouchi, salata ilé guetur.
بزه بر طاوق قاورمه سی التی كوكرجن التی بلدرجن اون ایكی چایرقوشی صلطه ایله كتور
Donnez nous une fricassée de poulets, une demi douzaine de pigeonneaux, six cailles, une douzaine d'aloüetes avec une salade.

DIALOGVES

Ghaïri daqhi bir cheï bouïourmazmi-syn-uz?	غيری دخی برشی بیورمزمیسکز	Ne voulez vous rien autre chose?
Qhaïr ol ïetichir.	خیر اول یتشر انجق	Non; c'est assés.
Andgiak bir eïu charab tchikar bize.	براو شراب چقار بزه	Mais donnez nous du bon vin.
Moukaïed olman; in-challah benden qhoche noud oloursyn-uz.	مقید اولمك انشاالله بندن خشنود اولورسکز	Laissez moy faire; je vous promets, que vous serez contents de moy.
Aghaler, guidelum oda-larimizi bakalum.	اغالر کیده لم اوطه لر مزی بقلوم	Messieurs, allons voir les chambres.
Aghalare moum toutun.	اغاله موم طوتکل	Eclairez ces Messieurs.
Bolaiki mandgiamizi tiz hazir ideidin-iz.	بولایکی مانجه مزی تیز حاضر ایدیدکز	De grace faites nous souper au plus vîte.
Tchizmelerinizi tchikar-madan iemeïniz hazir olour.	چزمه لرکزی چقارمدن ناول یمکرحاضراولور	Avant que vous soyez debottés, le souper sera prêt.
Qhidmetkiarlerimiz kan-dé durlar?	خذمتکارلرمز قندهدرلر	Ou sont nos valets?
Heïbelerin-iz ilé ïokari tchikdilar.	هکبه لرکزایله یوقری چقدلر	Ils sont montés là haut avec vos valises.
pichetollarimi gueturdun-mi?	پشتوللرمی کتوردکی	Avez vous apporté mes pistolets?
Ewet Soultanum, iche-té.	اوت سلطانم ایشته	Ouy, Monsieur, les voicy.
Tchizmelerimi tchek, andan son-ra war atla-ri gueuzet.	چزمه لرمی چك اندن صکره واراتلری کوزت	Tirés moy mes bottes. ensuite voyez s'il ne manque rien à nos chevaux.

DIALOGVES

Aghaler, soufra kouroulmiche dur.	اغالر سفره قورلمشدر	Messieurs, le souper est prêt.
Haïdé guidélum, aghaler, soufraïa otouralum ki, erkenden ïatalum.	هايده كيدهلم اغالر سفريه اوترالم كه اركندن ياتالم	Allons souper, Messieurs, afin que nous puissions nous aller coucher de bonne heure.
Elimizi ïaïkamagha sou gueturun.	الميزى يقمغه صو كتورك	Donnés nous a laver.
Otouralum.	اوترالم	Asseyons nous.
Bir tepsi eksik dur.	برتپسى اكسكدر	Il manque un plat.
Chou kawourmadan ïeïin, pekeïu dur.	شو قاورمه دن ييك پك ايودر	Manges de cette fricassée; elle est tres bonne.
Gueuierdginler bir eïu pichemémiche.	كوكرجينلر بر ايو پشممش	Les pigeonneaux ne sont pas assés cuits.
Daqhi wir itchélum.	دخى ور ايچهلم	Donnés a boire.
Bildurdginler pekguzel durlar.	بلدرجينلر پك كوزلدرلر	Ces cailles sont fort bonnes.
Agham, sen bir cheï ïemeïeur syn.	اغام سن برشى يميورسك	Vous ne mangés rien, Monsieur.
Ichetiham ïok dur.	استهام يوقدر	je n'ai point d'appetit
Iorghoun im.	يورغونم	je suis las.
Ghaireteïlé.	غيرت ايله	Il faut prendre courage.
Deuchek bana soufradan ïeï dur.	دوشك بكا سفره دن يكدر	j'aime mieux être au lit qu'a table.

DIALOGVES

Desturinuz ilé, guidé-im.	دستورکز ایله کیده یم	Avec vôtre permission, je me retire.
guidgeniz qhaïr ola.	کیجه کز خیر اوله	je vous souhaite une bonne nuit.
Qhaïra karchou.	خیره قرشو	Bon soir, Monsieur.
Iemichi gueturin, we losdariadgiïé seuïle in guelsun bizé boulouche-soun.	یمشی کتورک و لوسدار یه جی یه سویلیک کلسون بزه بولشسون	Apportés nous le des-sert & allés dire a l'hô-te qu'il nous vienne parler.
Icheté bir chiché cha-rab elindé guelïieur.	ایشته بر شیشه شراب النده کلیور	Le voicy, qui apporte une bouteille de vin.

ON DOKOVZINDGI MVKIALEMÉ.

اون طقوزنجی مکالمه

19 me DIALOGVE.

Losdariadgiïé hiſſab gueurmek uzré	لوسدار یه جی ایله حساب کورمك اوزره	Pour compter avec l'hôte.
Aqhchamyn-uz qhaïr ola, aghaler.	اخشامکز خیر اولا اغالر	Bon soir, Messieurs.
Mandgiaden qhoche-noud-mi syniz?	مانجه دن خشنود میسکز	Etes vous contents du souper?
Qhochenoudiz, andgi-ak senun dé qhatirini qhoche itmelu-iz.	خشنودیز انجق سنك ده خاطرکی خوش ایتملیوز	Nous sommes contents mais il faut auſſi vous contenter.

N

DIALOGVES

Né qhardge oloundi isé hissab gueurelum.	نه خرج اولندیسه حساب کورهلم	Comptons combien nous avons depensé.
Qhardginiz buiuk deiul dur.	خرجکز بیوك دکلدر	La depense n'est pas grande.
Siz hissab idin, gueurursyniz ki, iedi ghrouche qhardge olounmuche dur.	سز حساب ایدك کوررسکز کهیدی غروش خرج اولنمشدر	Comptés vous même, & vous verrés qu'il n'y a que sept ecus.
Tchiokrché iste ieursyn guibi.	چوقچه استیورسك کی	Il me semble, que vous demandés un peu trop.
Oudgiouz seuiledum sizé.	اوجز سویلدمسزه	Au contraire je fais bon marché.
Bir chiché charab daqhi guetur.	برشیشه شراب دخی کتور	Apportés nous encore une bouteille de vin.
Iarin sabah kahwé alty itdikden son-ra sana iedi ghrouche wiruriz.	یارن صباح قهوه التی ایتدکدن صکره سکایدی غروش ویررز	Nous vous donnerons demain matin sept ecus aprés avoir dejeuné.
Eiilé olsoun.	اولسون	Comme il vous plaira.
Bizé temiz tcharchaflar wirin.	بزه تمیز چارشفلرویرك	Donnés nous des draps blancs.
Iarin bizi erken oïandir.	یارن بزی ارکن اویاندر	Eveillés nous demain de bonne heure.
Bache ustuné.	باش اوستنه	Je n'y manqueray pas.

DIALOGUES

EGVIRMINDGI MVKIALEME.   يكرمنجى مكالمه   **20.me. DIALOGVE.**

Turkish (transliteration)	Arabic script	French
Hasta bakmak uzré.	خسته بقمق اوزره	pour visiter un malade
Bou guidgé né asyl idinuz?	بو كيجه نه اصل ايدكز	Comment avés vous passé la nuit?
Pek fena idum.	پك فنا ايدم	Fort mal.
Ouïouïamadum.	اويويمدم	je n'ai point dormi du tout.
Butun guidgé herarct itchindé idum.	بتون كيجه حرارت ايچنده ايدم	j'ai eû la fievre pendant toute la nuit.
Butun wudgiudum aghrir.	بتون وجودم اغرر	je sens des douleurs par tout le corps.
Bir iladge itchedin-mi.	بر علاج ايچدكى	Avés vous pris un remede?
Kan aldir.	قان الدر	Il faut vous faire saigner.
Iki kerré benden kan aldylar.	ايكى كرّه بندن قان الديلار	On m'a saigné deux fois.
Bilmem nitchiun hekim guelmedi.	بلم نيچون حكيم كلدى	je ne sçais, pourquoy le medecin ne vient pas.
Ghaïret eïlé, bou bir cheï deïul.	غيرت ايله بو برشئ دكل	Il faut prendre courage, cela ne sera rien.
Cherbet itchedin-mi.	شربت ايچدكى	Avés vous été purgé?
		Katche

194   DIALOGVES

Katche cherbet itche-din?	بچ شربت ایچدك	combien de medecines avés vous pris?
Cherbetlerden osandum.	شربتلردن اوصاندم	je suis las de medecines.
Arpa souïi itche.	اربه صوىي ايج	Beuvés de la ptisane.
Kymyldanamam.	قمىلدنهم	je ne sçaurois me remuer.
Bana bir iuz ïasdighy wir.	بكابر يوزيصديغى وير	Donnés moi un oreiller.
Aïaghymdan kan almak isterler.	ايغمدن قان الماق استرلر	On me veut saigner du pied.
Her né itchersam adgi guelur bana.	هرنه ايچرسم اجى كاور بكا	Tout ce que je prens, me semble amer.
Deuchekdé ïatmadan ne pek osandum.	دوشكده ياتمدن نه پك اوصاندم	Que je suis ennuyé d'être au lit.
Né moutli sana ki sagh selim syn.	نه موتلى سكا كه صاغ سليم سك	Que vous êtes heureux de vous bien porter!

TABLE

TABLE DE LA GRAMMAIRE TVRQVE

Introduction a la Grammaire.
Explication des termes de la Grammaire.
Explication des parties du discours.

PREMIERE PARTIE
DE L'ORTHOGRAPHE

CHAP: 1. De la maniere de lire, & d'ecrire en Turc.	page 1
CHAP: 2. Des lettres Turques.	la même
Table Alphabetique.	2
CHAP: 3. De la prononciation.	3
CHAP: 4. Des marques, qui reglent la prononciation.	5
CHAP: 5. Des voyelles Turques.	la même
Table des voyelles mêlées avec les consones.	6

SECONDE PARTIE
DES NOMS, & DES PRONOMS

CHAP: 1. Du genre, du nombre, & des cas des noms.

TABLE.

CHAP: 2. Des declinaisons des noms.	8
Exemples de la premiere declinaison.	9
Exemples de la seconde declinaison.	la même.
CHAP. 3. Des degrés de comparaison.	10
CHAP: 4. Des differentes especes des noms.	11
CHAP: 4. Des pronoms.	41
Exemples des pronoms personels, & demonstratifs.	la même.
CHAP: 6. Du pronom relatif.	51
CHAP: 7. Des pronoms possessifs	71
Exemples des pronoms possessifs.	91

TROISIEME PARTIE
DV VERBE.

CHAP: 1. Du genre, de l'espece, & de la figure des verbes,	52
CHAP: 2. DV verbe substantif.	82
Conjugaison du verbe substantif ايم im, je suis,	92
Du verbe negatif دكليم deülim, je ne suis pas.	43
Du verbe impersonel, وار war, il y a,	63
Du verbe impersonel negatif يوقدر iokdur, il n'y a pas,	37
CHAP: 3. Des conjugaisons.	la même.
CHAP: 4. Du verbe negatif.	48

TABLE

QVATRIEME PARTIE
DES AVTRES PARTIES DV DISCOVRS.

CHAP: 1. De la formation des Adverbes,		51
	de lieu,	la même.
	du tems,	53
	de nombre,	55
	d'ordre,	la même.
	d'evenement,	la même.
	de similitude,	la même.
	de loüange,	56
	augmentatifs,	la même.
	diminutifs,	la même.
Adverbes	affirmatifs,	la même.
	negatifs,	la même.
	demonstratifs,	57
	interrogatifs,	la même.
	optatifs,	la même.
	d'exhorter,	la même.
	de douter,	la même.
	d'assembler,	la même.
	de separer,	la même.
	d'accorder,	58
CHAP: 2. Des postpositions,		la même.
CHAP: 3. Des conjonctions,		59
CHAP: 4. Des interjections,		60

TABLE

CINQVIE'ME PARTIE,

DE LA SYNTAXE.

CHAP: 1. De la maniere de parler a quelqu'un,   61
CHAP: 2. De l'ordre de la construction,   la même.
CHAP: 3. De la concordance d'un nom avec un autre,   63
CHAP: 4. De la concordance d'un substantif avec un autre,   la même.
CHAP: 5. Des verbes,   64
CHAP: 6. Des questions de lieu, & de tems,   66

SIXIE'ME PARTIE

RECVEIL DES NOMS, & DES VERBES, & LES MANIERES DE PARLER LES PLVS NECESSAIRES,
a sçavoir.

Du ciel, & des elements,   68
Du tems, & des saisons de l'année,   71
Des jours de la semaine,   72
Des mois,   75
De ce qu'on mange,   47
pour assaisonner les viandes,   76
Des oiseaux,   77
Des animaux a quatre pieds,   80

TABLE

Des animaux reptiles, insectes, & amphibies,	82
Des poissons,	83
Des arbres, & arbrisseaux,	84
Des fruits,	87
Des fleurs,	88
Des herbes,	89
Des degrés de parenté,	93
Pour ecrire,	94
Du feu,	la même.
Des choses, dont se servent les cavaliers,	96
Des habits,	la même.
Des parties du corps,	97
Des imperfections du corps,	100
Des maladies,	la même
Des parties de la maison,	102
Des utensiles,	103
De ce qu'on voit dans les villes,	106
De la terre,	107
Des eaux,	la même
Des metaux & mineraux,	108
Des couleurs,	109
Des métiers,	110
Des pays, royaumes, isles, villes, fleuves &c.	114
Des nations,	119
Recueil des verbes,	123
Des manieres de parler les plus necessaires,	127

TABLE

SEPTIEME PARTIE

DES DIALOGUES.

1er dialogue,	Pour faire une visite le matin,	144
2d dialogue,	pour s'habiller,	146
3me dialogue.	Entre deux amis,	149
4me dialogue.	Pour dejeûner,	152
5me dialogue,	Du jardin,	156
6me dialogue,	Pour joüer,	158
7me dialogue.	Entres deux amis,	161
8me dialogue,	De la chasse.	164
9me dialogue.	Le maitre avec le valet,	167
10me dialogue.	De la promenade,	169
11me dialogue,	Pour parler en turc,	175
12me dialogue.	Du tems,	177
13me dialogue.	Des nouvelles,	178
14me dialogue.	Pour ecrire,	180
15me dialogue,	Pour s'informer d'une personne,	182
16me dialogue,	Pour acheter	183
17me dialogue.	Du voyage.	186
18me dialogue.	Du souper, & du logement,	188
19me dialogue.	Pour compter avec l'hôte,	191
20me dialogue.	Pour visiter un malade,	193

FIN DE LA TABLE.

page	Ligne	Errata	Lisez
4	4	notre, g	nôtre ;
16	20	kangi	kanghi
27	13	guinmek	guiinmek
31	3	olaïduunz	olaïdun-uz
	19	plsque	plusque
33	13	olour-suz	olour-siz
36	22	il y a avoit	il y avoit
37	16	s'il n'y avit point	s'il n'y avoit point
38	12	touiours	toujours
39	22	auons aimé	avons aimé
14	14	seuile parles	seuilé, parlés
	23	aimes	aimiés
53	13		ADVERBES du tems
54	2	farindem	farindesi
	5	guetche gunduz	guedgé gunduz
57	4	pourquoy	pourquoy
76	9	prase	prasé
80	23	igudiche	iguediche
93	19	bisayeul	tris-ayeul
	20	bis-ayeule	tris-ayeule
96	15	cheval	cheval
109	14	dewetuii	dewetuii

page	Ligne	Errata	Lisez
112	26	des bottes	de bottes
129	1	prepare	preparé
135	7	bn	ben
138	18	biledgé	bilendgé
145	8	satrendge	chatrendge
149	9	oudgouz	oudgiouz
	12	paiié	paié
153	4	sultanum	soultanum
	6	de ce petits	de ces petits
	7	isydgak	isydgiak
	8	iciienuz	icinï-uz
	15	echekinguizé	echekingnizé
159	6	siza	sizé
	19	de cartes	des cartes
164	8	benda	bendé
170	2	îchedgieguezim	ichedgiguezim

www.ingramcontent.com/pod-product-compliance
Lightning Source LLC
Chambersburg PA
CBHW051906160426
43198CB00012B/1777